Joachim Klang

PROJEKTE FÜR DEINE LEGO® KISTE

LEMPERTZ

DANKSAGUNG

an einige Pioniere und Revolutionäre, die ich zum Teil schon persönlich kenne und bewundere:

2LegoOrNot2Lego
Arvo Brothers
ArzLan
Bart Willen
Brian Corredor
Bricksonwheels
Brickthing
Bricktrix
Bruceywan
captainsmog
Cole Blaq
Cuahchic
DecoJim
- Derfel Cadarn -
Digger1221
Eastpole77
Fianat
Fraslund
Fredoichi
Gabe Umland
Gambort
gearcs
Henrik Hoexbroe
Homa
Joe Meno
Jojo
Karwik
Lazer Blade
lego_nabii
Legohaulic
LEGOLAS
Legonardo Davidy
Legopard
Legotrucks
lichtblau
‚LL'
Mark of Falworth
markus19840420
marshal banana
McBricker
Mijasper
Misterzumbi
Nannan Z
NENN
Obedient Machine
Ochre Jelly
„Orion Pax"
Paul Vermeesch
Pepa Quin
RoccoB
Sir Nadroj
Sirens-Of-Titan
Spencer_R
T.Oechsner
Taz-Maniac
ted @ndes
TheBrickAvenger
Théolego
tnickolaus
Toltomeja
x_Speed
Xenomurphy
Kevin Hall
Aaaron Newman
Drivebrick,
Grantmasters
Norton74
Jonathan Elliott
Colognebrick
pixeljunkie
Ben®
Cale Leiphart
Maciej Drwięga

Wie immer vielen Dank an meinen Co-Autor Lutz Uhlmann für die digitalen Umsetzungen meiner Bauten. Und natürlich danken wir auch der LDraw.org-Community für die Programme zur Erstellung von Bauanleitungen.

Math. Lempertz GmbH
Hauptstr. 354
53639 Königswinter
Tel.: 02223 900036
Fax: 02223 900038
E-Mail: info@edition-lempertz.de
www.edition-lempertz.de

Autor: Joachim Klang
Satz und Gestaltung: Odenthal Illustration, www.odenthal-illustration.de
Fotos: Thomas Schultze, www.thomas-schultze.de
Lektorat: Ulrike Reihn-Hamburger

Druck und Bindung: Print Consult GmbH, München
Printed in Lithuania

ISBN 978-3-96058-269-4

INHALT

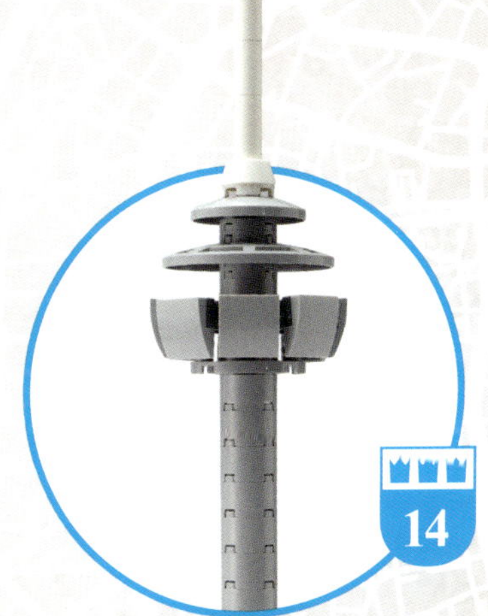

Vorwort

Als die Idee an mich herangetragen wurde, für ein Buch LEGO® Modelle von Kölner Sehenswürdigkeiten zu entwickeln, war ich sofort in heller Aufregung. Die Einfälle sprudelten geradezu aus mir heraus.

Gleichzeitig überkam mich ein Glücksgefühl, dass ausgerechnet ich die Möglichkeit bekam, an der Realisierung dieses Buches mitzuwirken. Immerhin lebe ich schon mein ganzes Leben in unmittelbarer Nähe dieser wunderschönen Stadt. Viele Jahre habe ich dort gearbeitet und auch privat habe ich eine enge Bindung an Köln. Durch meine Mitgliedschaft im ortsansässigen Club MBFR (Modellbaufans Rheinland) durfte ich auch schon einige Male bei der LEGO® Fanwelt mitwirken, die alle zwei Jahre in der Köln Messe stattfindet.

In diesem Buch findet ihr nun also einige kleine Modelle, für die das Stadtbild berühmt ist. Ich kann gut verstehen, wenn ihr gerne mehr und größer bauen möchtet. Es verfügt aber nicht jeder zuhause über eine unbegrenzte Anzahl an Steinen und auch die Seitenzahl dieses Buches – egal, wie dick wir es auch gemacht hätten – gibt uns einen gewissen Rahmen. Ich möchte euch mit meinen Ideen inspirieren und hoffe, sie beflügeln euch zu eigenen Kreationen und Modellen. Seid kreativ!

Sprichwörter wie „Et es wie et es“, „Et kütt wie et kütt“, „Et hätt noch immer jot jejange“ oder auch „Drinkste eine met?“ repräsentieren das Lebensgefühl dieser großartigen Stadt und ihrer Menschen.

Kölle, du bes e Jeföhl!

dr Joe

Die Kölner Altstadt
En Stadt mit Hätz un Siel

Die Kölner Altstadt

Beginnen wir mit Kölns berühmtem Farbklecks, den bunten Häusern am Fischmarkt inmitten des Rheingartens in der historischen Altstadt Kölns, gleich unterhalb der romanischen Kirche Groß St. Martin.

Dank der großen LEGO® Farbpalette lässt sich die so typische Häuserfront sehr schön nachbilden. Und tatsächlich gibt es fast alle verwendeten Elemente in mehreren Farben. Wir zeigen hier das rechte Haus als Bauanleitung. Danach wird es euch leichtfallen, auch die übrigen Häuser zu bauen.

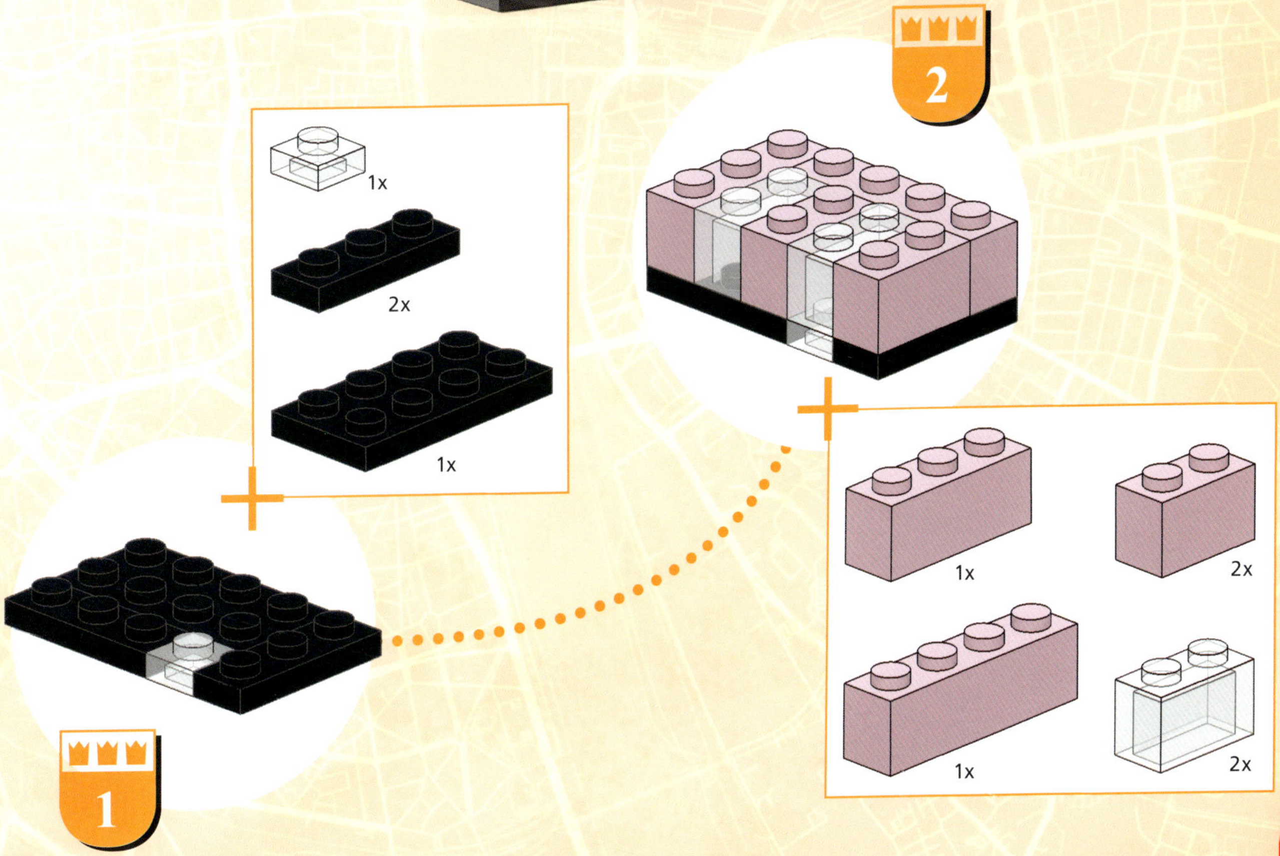

1x

2x

1x

2

1x

2x

1x

2x

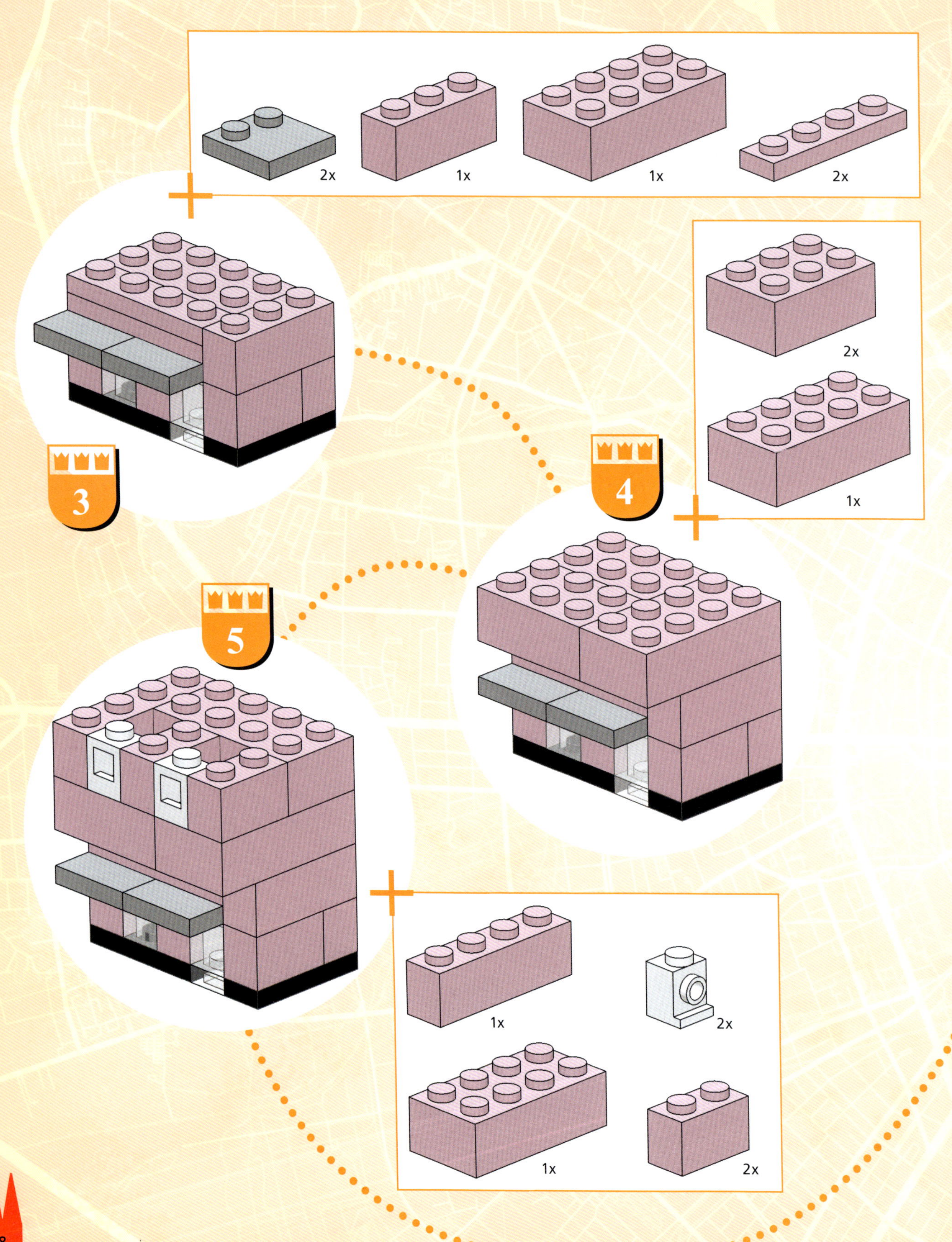
2x
1x
1x
2x
3
2x
1x
4
5
1x
2x
1x
2x

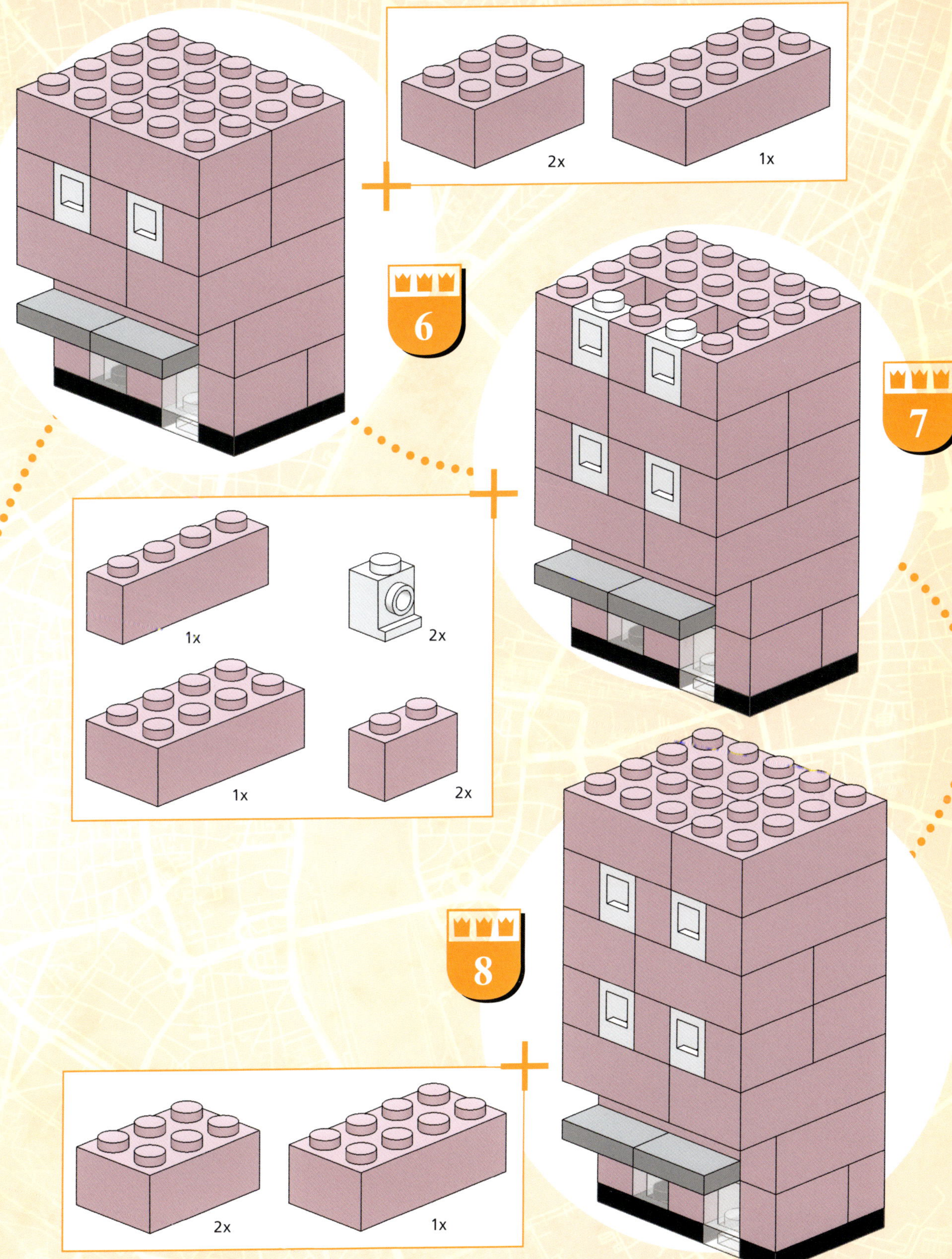
2x
1x
6
7
1x
2x
1x
2x
8
2x
1x

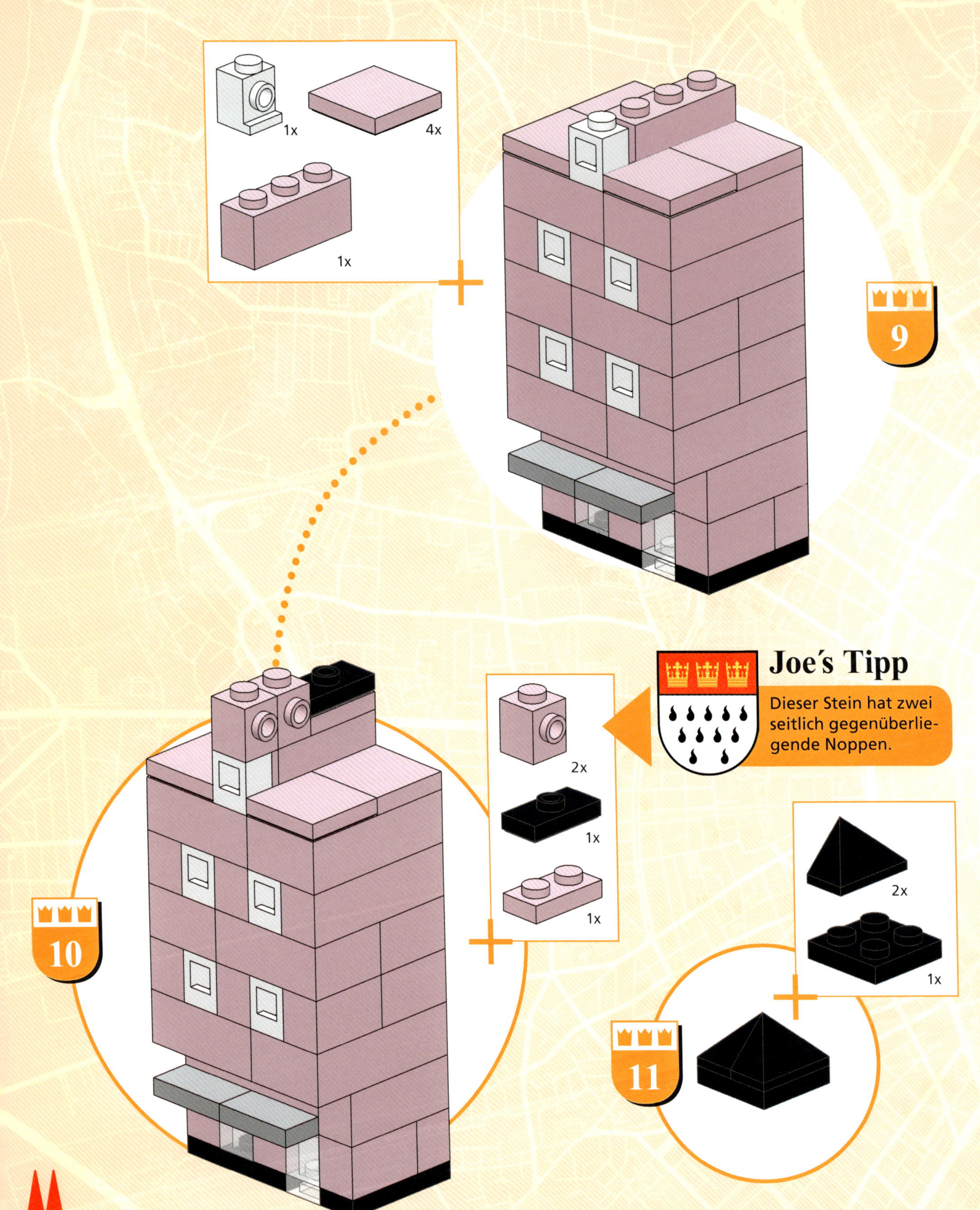

1x
4x
1x
9
10
2x
1x
1x
Joe´s Tipp
Dieser Stein hat zwei seitlich gegenüberliegende Noppen.
2x
1x
11

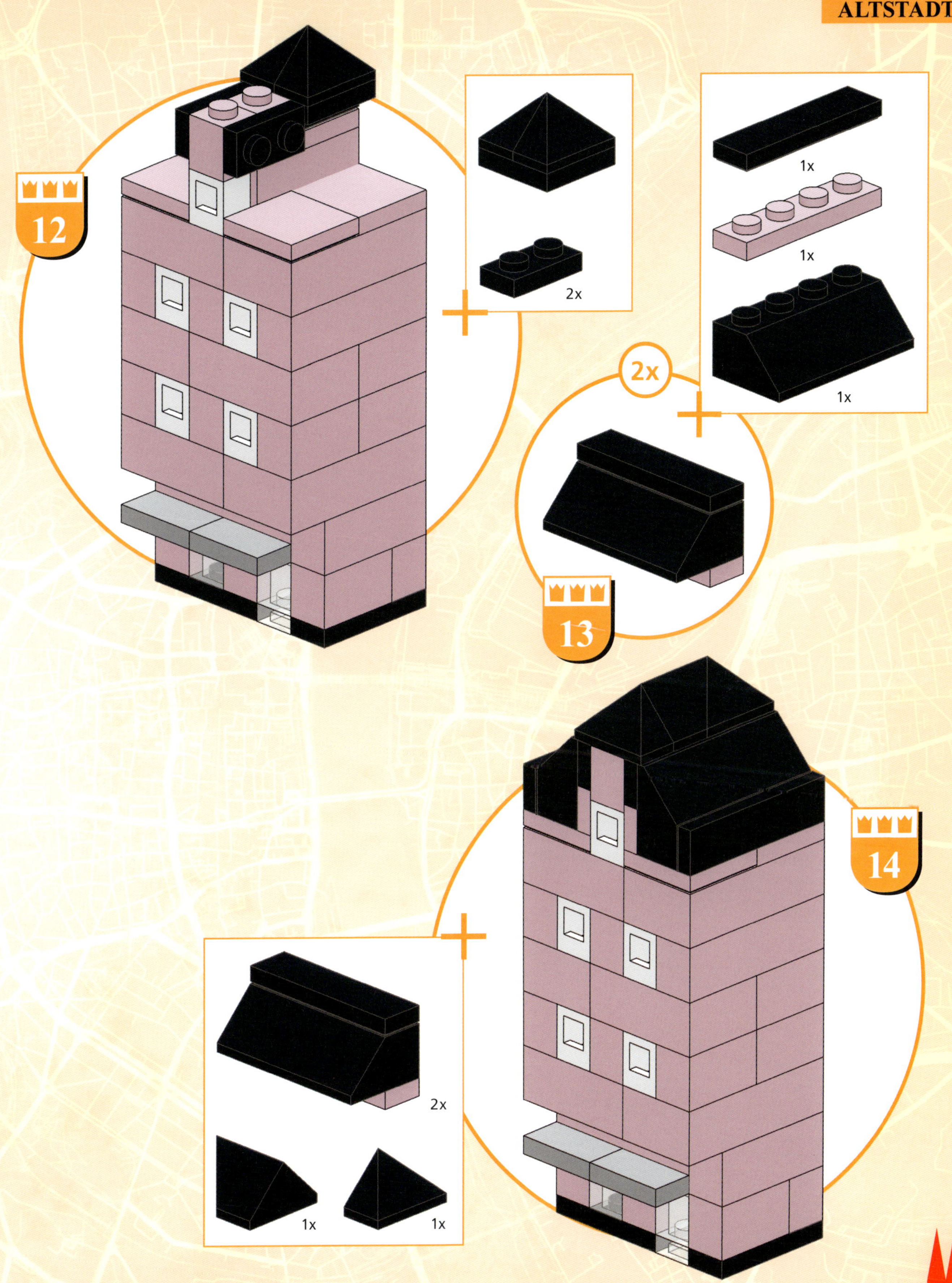
12
1x
1x
2x
1x
2x
13
14
2x
1x
1x

TEILELISTE

Menge	Farbe		Teilenummer	Name	LEGO® Teilenummer
5		White	4070	Brick 1 x 1 with Headlight	407001
2		Bright Pink	47905	Brick 1 x 1 with Studs on Two Opposite Sides	6065493
6		Bright Pink	3004	Brick 1 x 2	4245295, 4517993
2		Trans Clear	3065	Brick 1 x 2 without Centre Stud	306540, 6244904
3		Bright Pink	3622	Brick 1 x 3	6052345
3		Bright Pink	3010	Brick 1 x 4	4518890
6		Bright Pink	3002	Brick 2 x 3	4518892
6		Bright Pink	3001	Brick 2 x 4	4227659, 4520632
1		Trans Clear	3024	Plate 1 x 1	3000840, 6252041
2		Black	3023	Plate 1 x 2	302326
1		Bright Pink	3023	Plate 1 x 2	4654128
1		Black	15573	Plate 1 x 2 with Groove with 1 Centre Stud, without Understud	6092585
2		Black	3623	Plate 1 x 3	362326
4		Bright Pink	3710	Plate 1 x 4	6002148
1		Black	3022	Plate 2 x 2	302226
1		Black	3020	Plate 2 x 4	302026
1		Black	3049c	Slope Brick 45 1 x 2 Double / Inverted without Centre Stud	4220539
3		Black	3048b	Slope Brick 45 1 x 2 Triple without Bottom Stud	304826
2		Black	3037	Slope Brick 45 2 x 4	303726
2		Black	2431	Tile 1 x 4 with Groove	243126
4		Bright Pink	3068b	Tile 2 x 2 with Groove	4615728
2		Light Bluish Gray	33909	Tile 2 x 2 with Studs on Edge	6212077

5x

2x

Dieser Stein hat zwei seitlich gegenüberliegende Noppen.

6x

2x

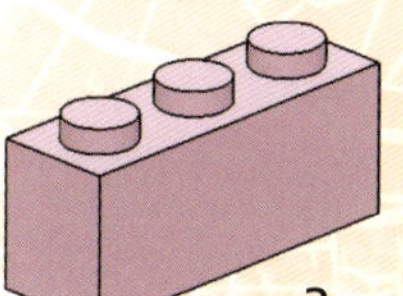
3x

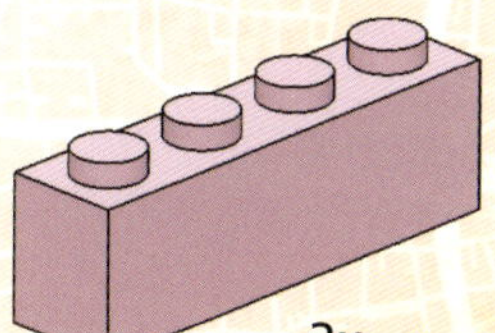
3x

6x

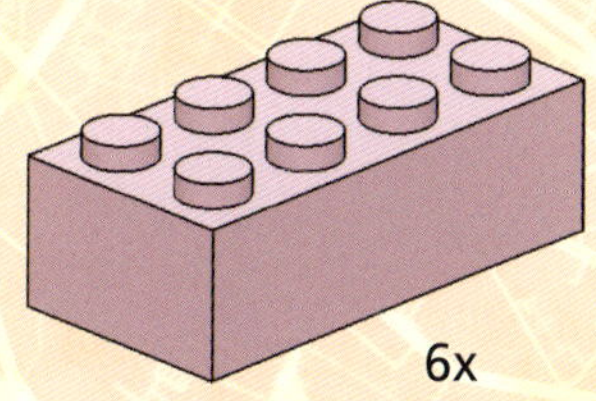
6x

1x

2x

1x

1x

2x

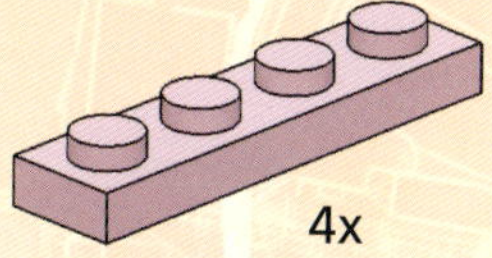
4x

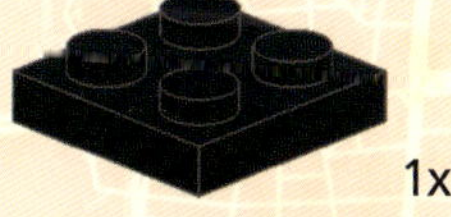
1x

1x

1x

3x

2x

2x

4x

2x

Colonius
Wat jitt dat, wenn et fädich ess?

Colonius

Der Fernmeldeturm aus dem Jahre 1978 ragt mit seinen 266 Metern schon von weitem sichtbar über das Stadtbild hinaus. Auch aus vielen Bürofenstern der ganzen Stadt kann man seine imposante Länge bewundern.

Gerade seine Höhe macht den Nachbau aus LEGO® Steinen zu einer Herausforderung. Um ihm ausreichend Stabilität zu geben, habe ich durch seine Mitte eine Technic Achse verbaut. Wer es realistisch mag, kann einen curved slope der Kanzel mit einem Original T-Aufkleber aus einem alten LEGO® Telekom-Set bekleben.

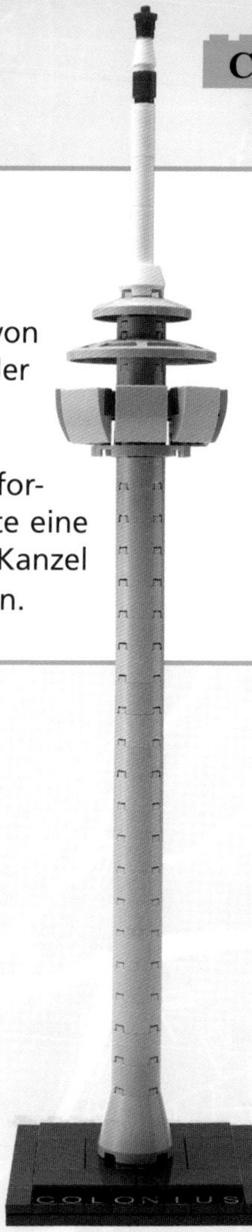

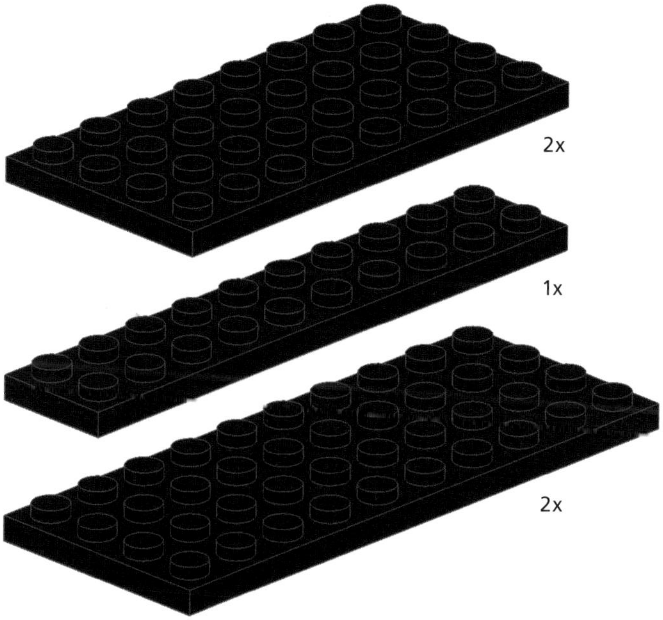

2x

1x

2x

1

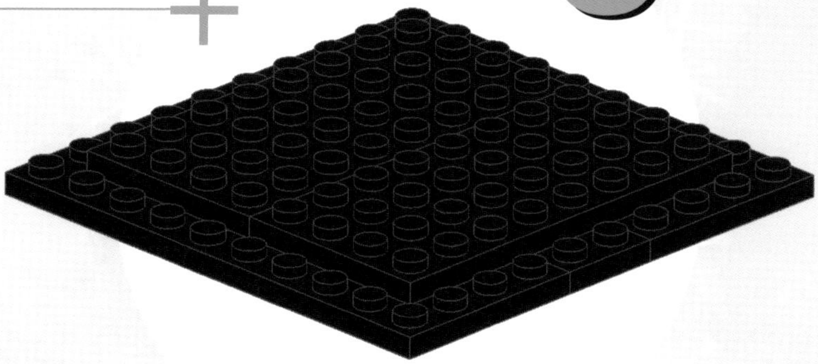

2

6x

1x

6x

3x

2x

1x

2x

1x

1x

1x

1x

1x

3

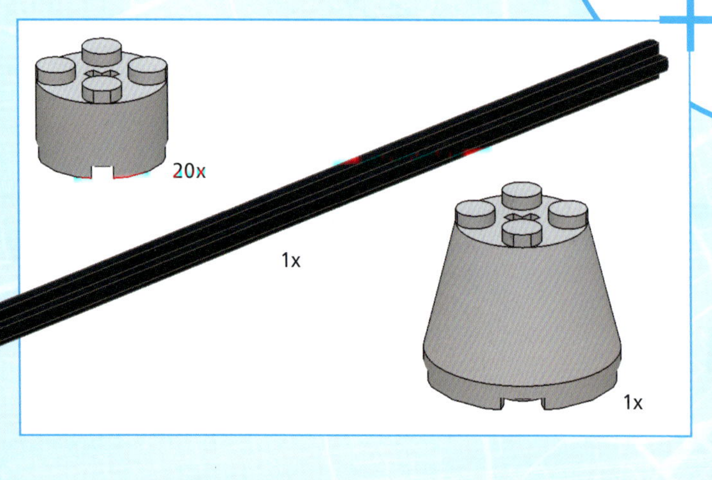

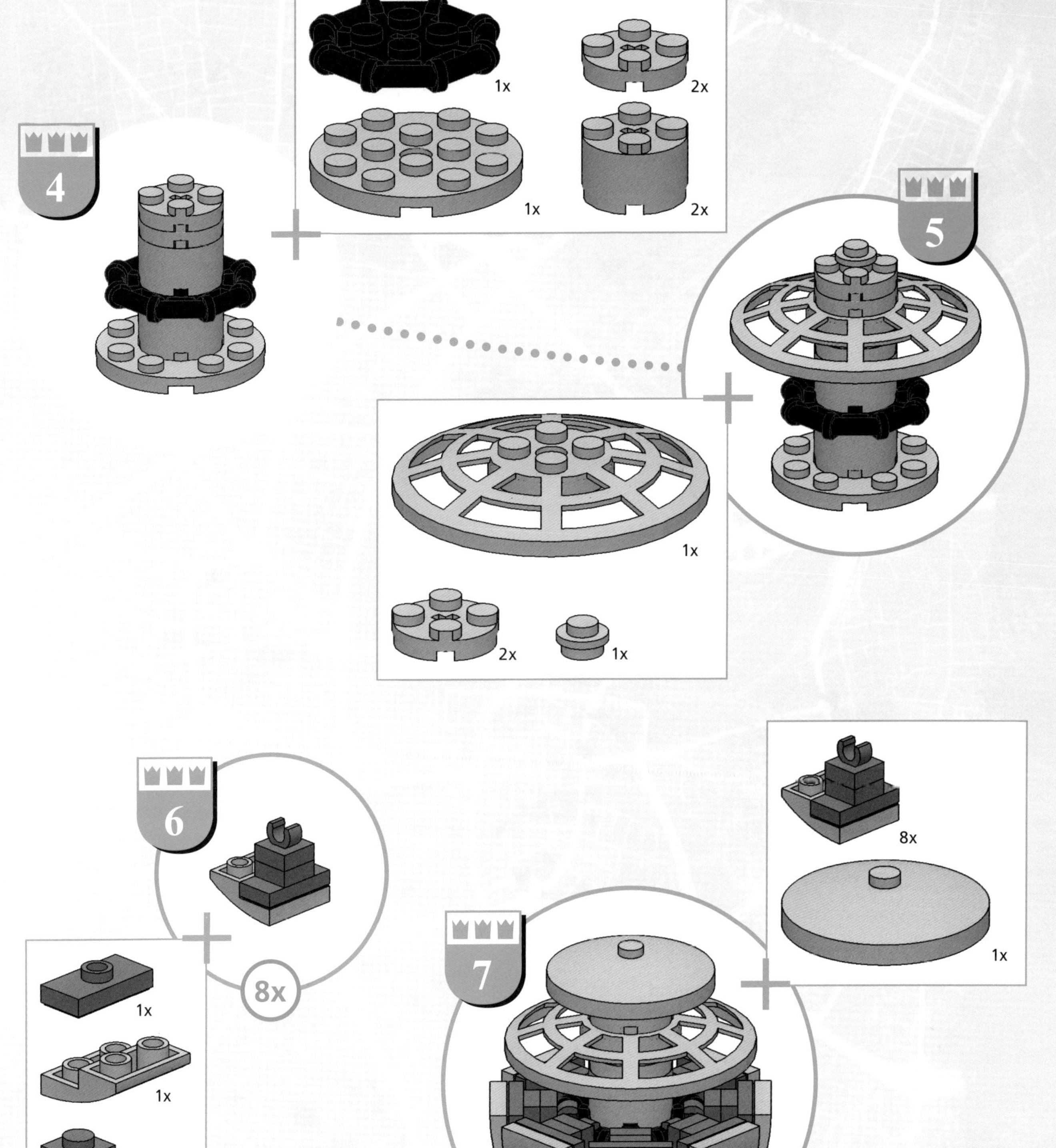

4
1x
2x
1x
2x
5
1x
2x
1x
6
8x
1x
1x
1x
1x
7
8x
1x

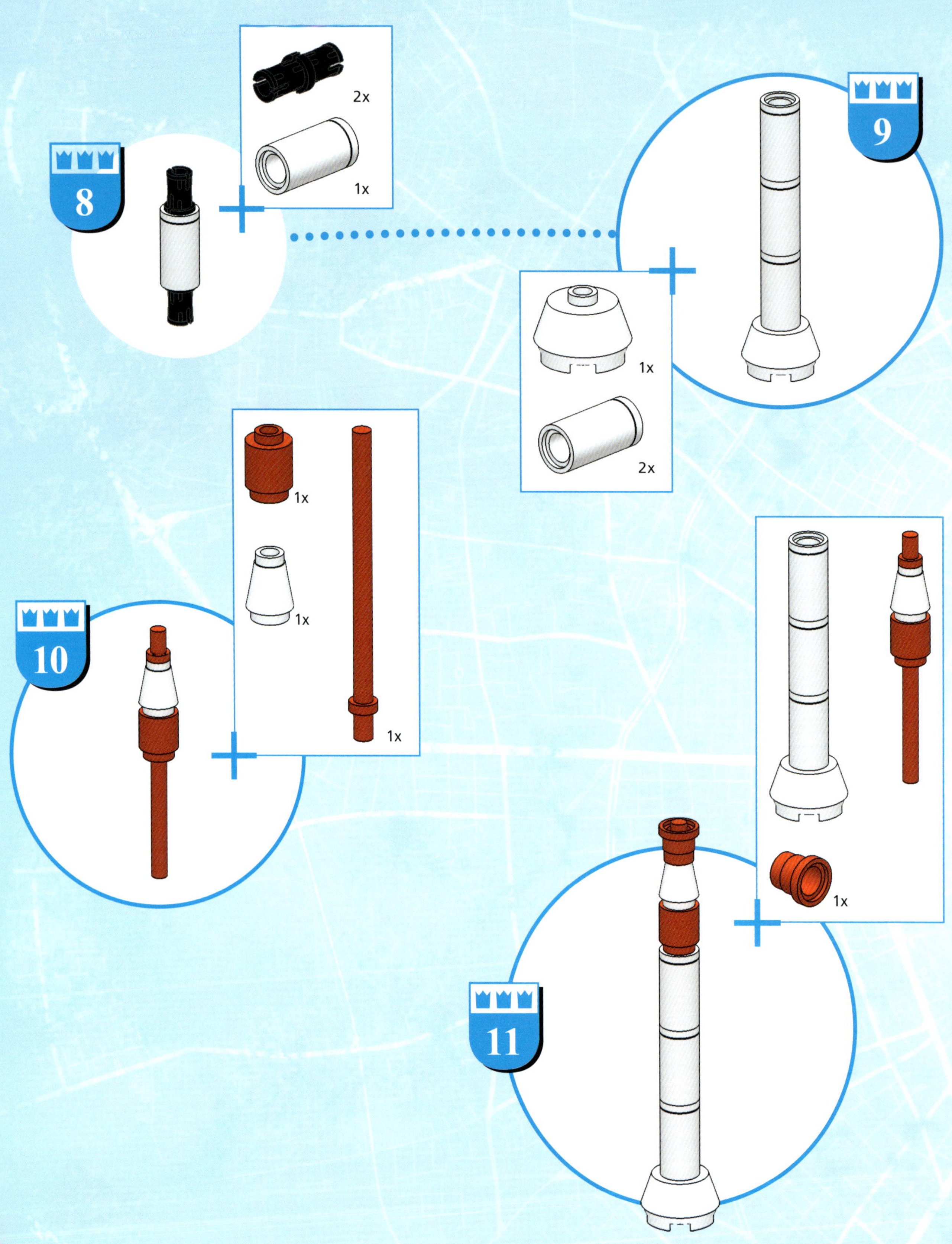
8
2x
1x
9
1x
2x
10
1x
1x
1x
11
1x

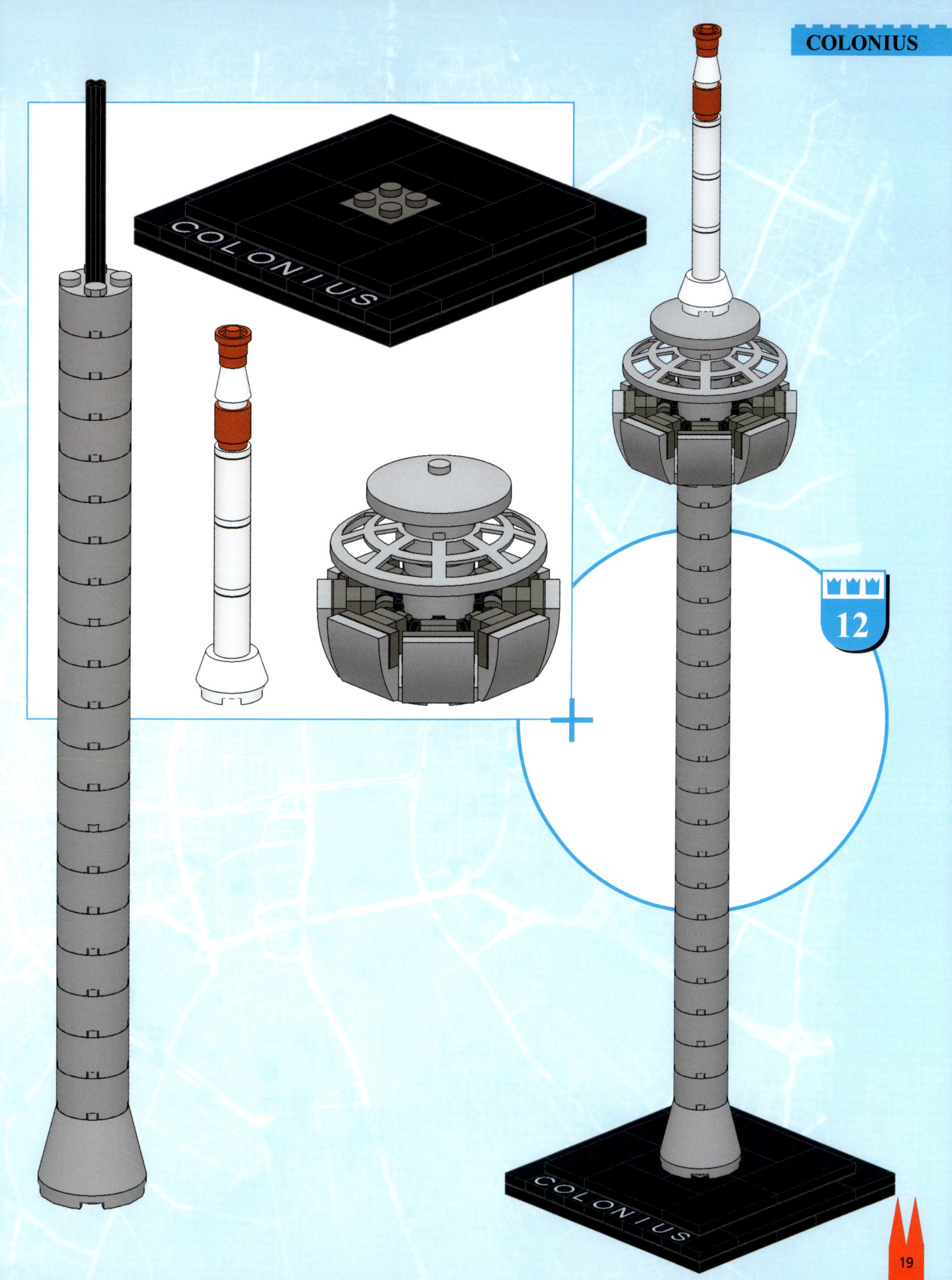
COLONIUS
12
COLONIUS

TEILELISTE

Menge	Farbe	Teilenummer	Name	LEGO® Teilenummer
1	Red	4095	Bar 6.6L with Stop	4143125
1	Red	3062b	Brick 1 x 1 Round with Hollow Stud	306221
22	Light Bluish Gray	3941	Brick 2 x 2 Round	4211526
1	White	98100	Brick 2 x 2 Round Sloped	4649167
1	White	59900	Cone 1 x 1 with Top Groove	
1	Light Bluish Gray	6233	Cone 3 x 3 x 2	4497653
1	Light Bluish Gray	3960	Dish 4 x 4 Inverted	4211664
1	Light Bluish Gray	4285b	Dish 6 x 6 Inverted Webbed Type 2	4211487
8	Dark Bluish Gray	3024	Plate 1 x 1	4210719
1	Light Bluish Gray	4073	Plate 1 x 1 Round	4211525
8	Dark Bluish Gray	15573	Plate 1 x 2 with Groove with 1 Centre Stud, without Understud	6092572
1	Dark Bluish Gray	3022	Plate 2 x 2	4211094
4	Light Bluish Gray	4032b	Plate 2 x 2 Round with Axlehole Type 2	4211475
1	Black	75937	Plate 2 x 2 with Rod Frame Octagonal Rein-forced	6018805
1	Black	3832	Plate 2 x 10	383226
1	Light Bluish Gray	60474	Plate 4 x 4 Round with Hole and Snapstud	4515351
2	Black	3035	Plate 4 x 8	303526
2	Black	3030	Plate 4 x 10	303026
8	Light Bluish Gray	32803	Slope Brick Curved 2 x 2 Inverted	6185676
1	Black	50450	Technic Axle 32	4233937
1	Red	6221	Technic Handle	unbekannt
3	White	75535	Technic Pin Joiner Round	75535
2	Black	2780	Technic Pin with Friction and Slots	278026, 4121715
8	Dark Bluish Gray	15712	Tile 1 x 1 with Clip (Thick C-Clip)	6071226
1	Black	3070bptc	Tile 1 x 1 with Silver „C" Pattern	unbekannt
1	Black	3070bpti	Tile 1 x 1 with Silver „I" Pattern	unbekannt
1	Black	3070bptl	Tile 1 x 1 with Silver „L" Pattern	unbekannt
1	Black	3070bptn	Tile 1 x 1 with Silver „N" Pattern	unbekannt
2	Black	3070bpto	Tile 1 x 1 with Silver „O" Pattern	unbekannt
1	Black	3070bpts	Tile 1 x 1 with Silver „S" Pattern	unbekannt

Menge		Farbe	Teilenummer	Name	LEGO® Teilenummer
1		Black	3070bptu	Tile 1 x 1 with Silver „U" Pattern	unbekannt
2		Black	3069b	Tile 1 x 2 with Groove	306926
3		Black	6636	Tile 1 x 6	663626
6		Black	14719	Tile 2 x 2 Corner	6133722
6		Black	87079	Tile 2 x 4 with Groove	4560182

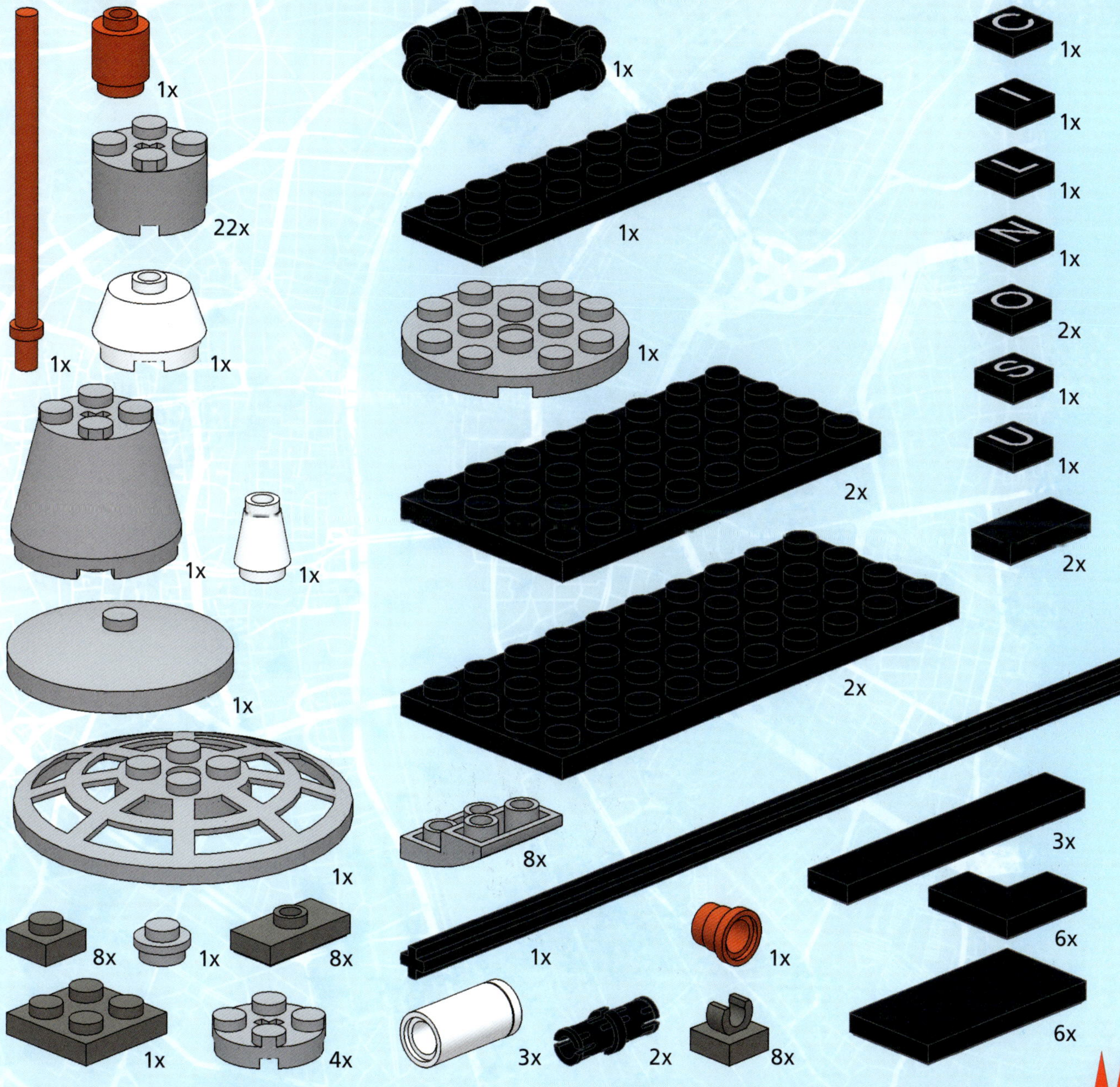

Kranhäuser

Nä, wat es dat schön

KRANHAEUSER
KD

Kranhäuser *

Am Rheinufer fällt der Blick zwangsläufig auf die drei imposanten Kranhäuser im Rheinauhafen, dem zentralen Hafens Kölns auf Höhe der südlichen Altstadt. Die blockige L-Form der Kranhäuser erinnert an Tetris – oder eben an LEGO®.

Wir zeigen euch das erste der drei Häuser als Bauanleitung. Für die Balkone im dritten Haus könnt ihr LEGO® Plates, Modified 1x2 with Door Rail verwenden. Sie sind bei BrickLink unter der Nummer 32028 zu finden.

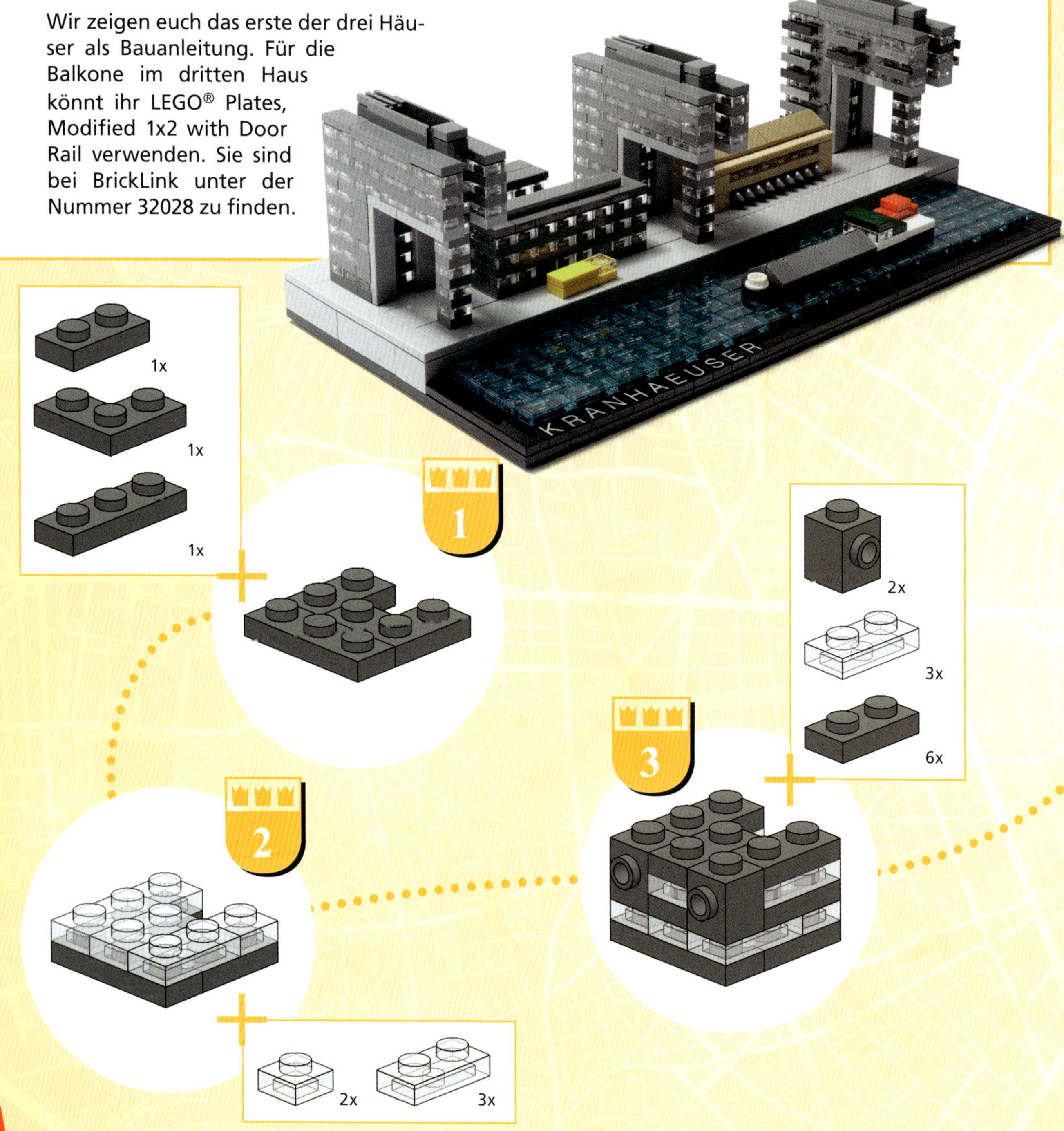

** auf Basis der Ergebnisse des Workshops der 1. Preisträger des Wettbewerbs „Rheinauhafen" 1992: Bothe Richter Teherani / Busmann und Haberer / Linster / Schneider-Wessling / Abing.*

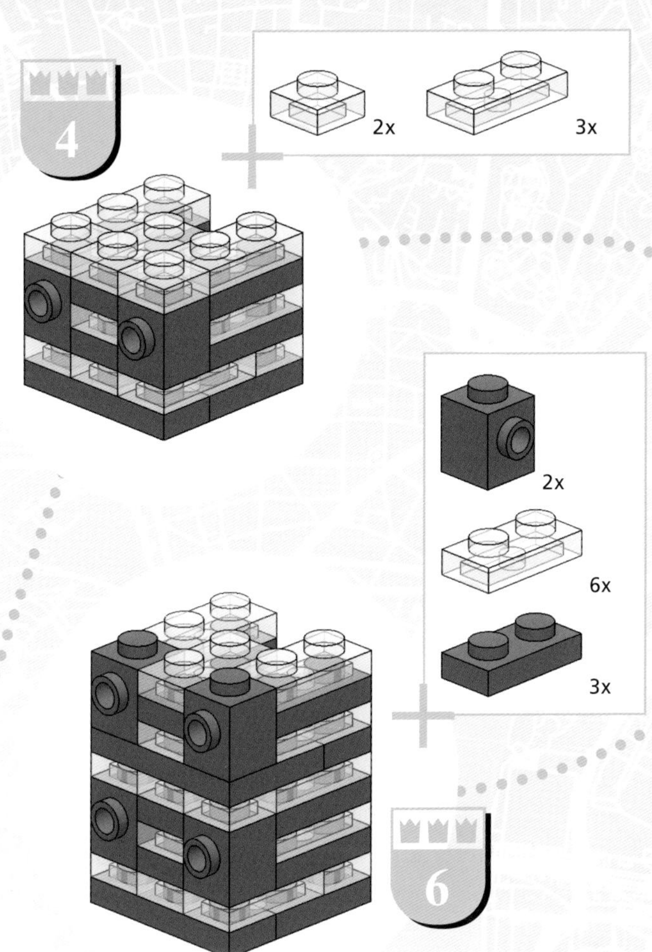
4
2x
3x
2x
6x
3x
6

1x
2x
5

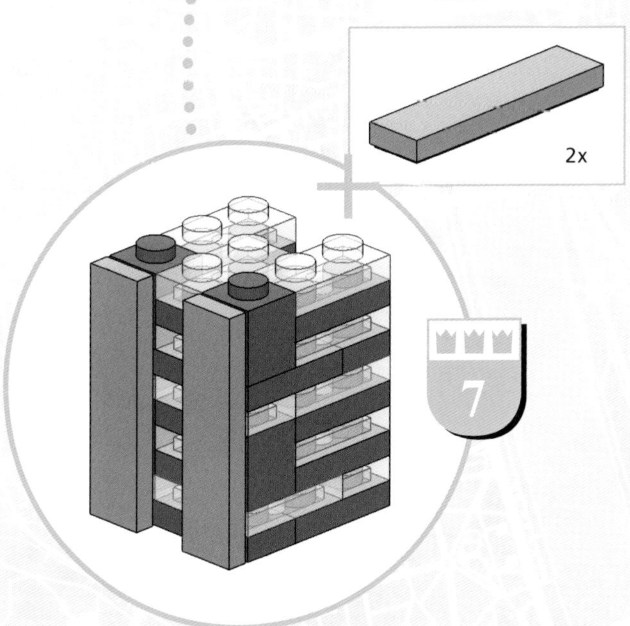
2x
7

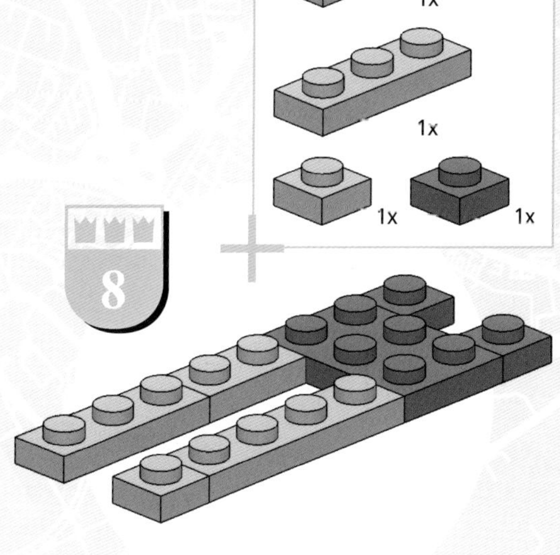
1x
1x
1x
1x
1x
1x
8

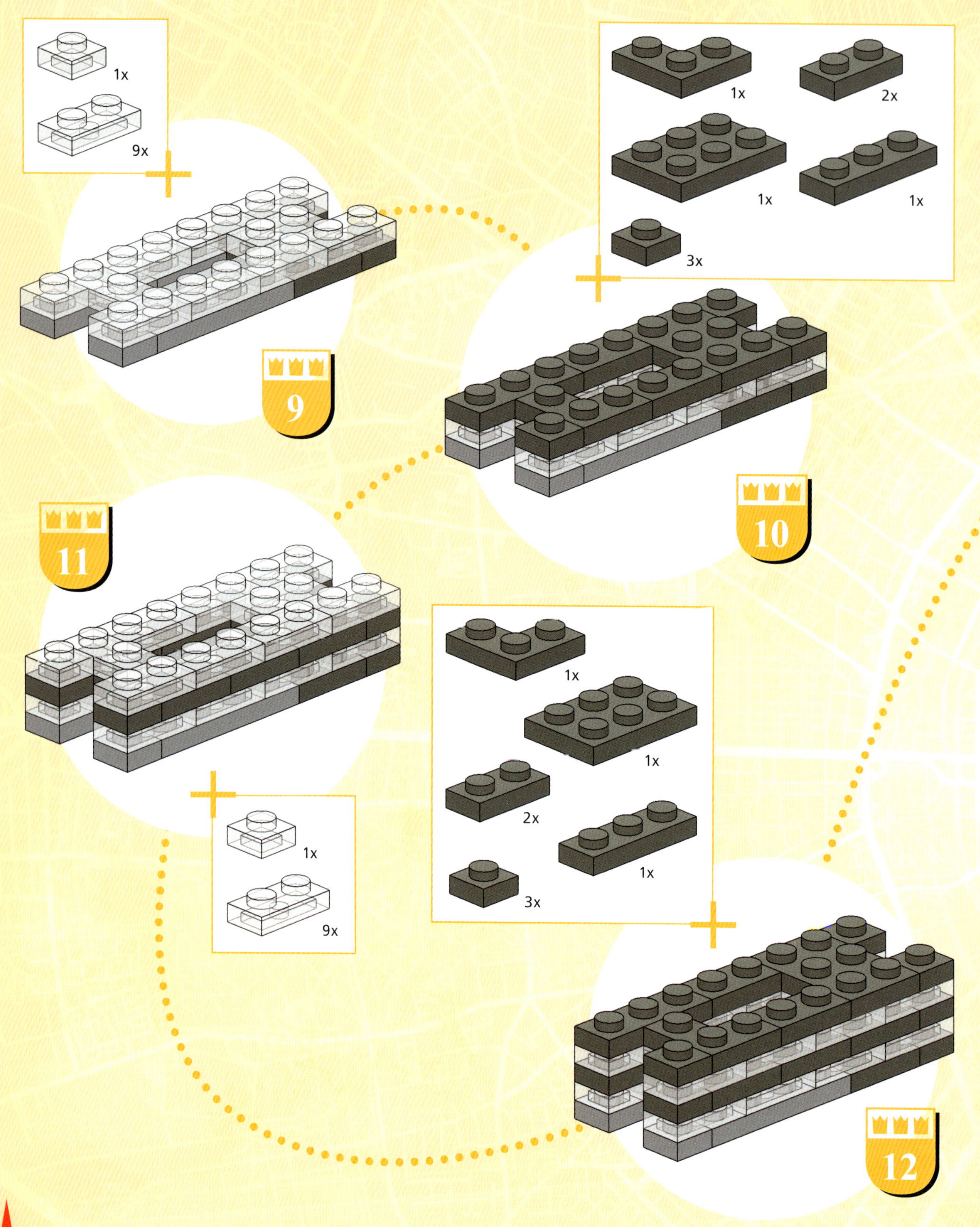
1x
9x
9
1x
2x
1x
1x
3x
10
11
1x
1x
2x
1x
3x
1x
9x
12

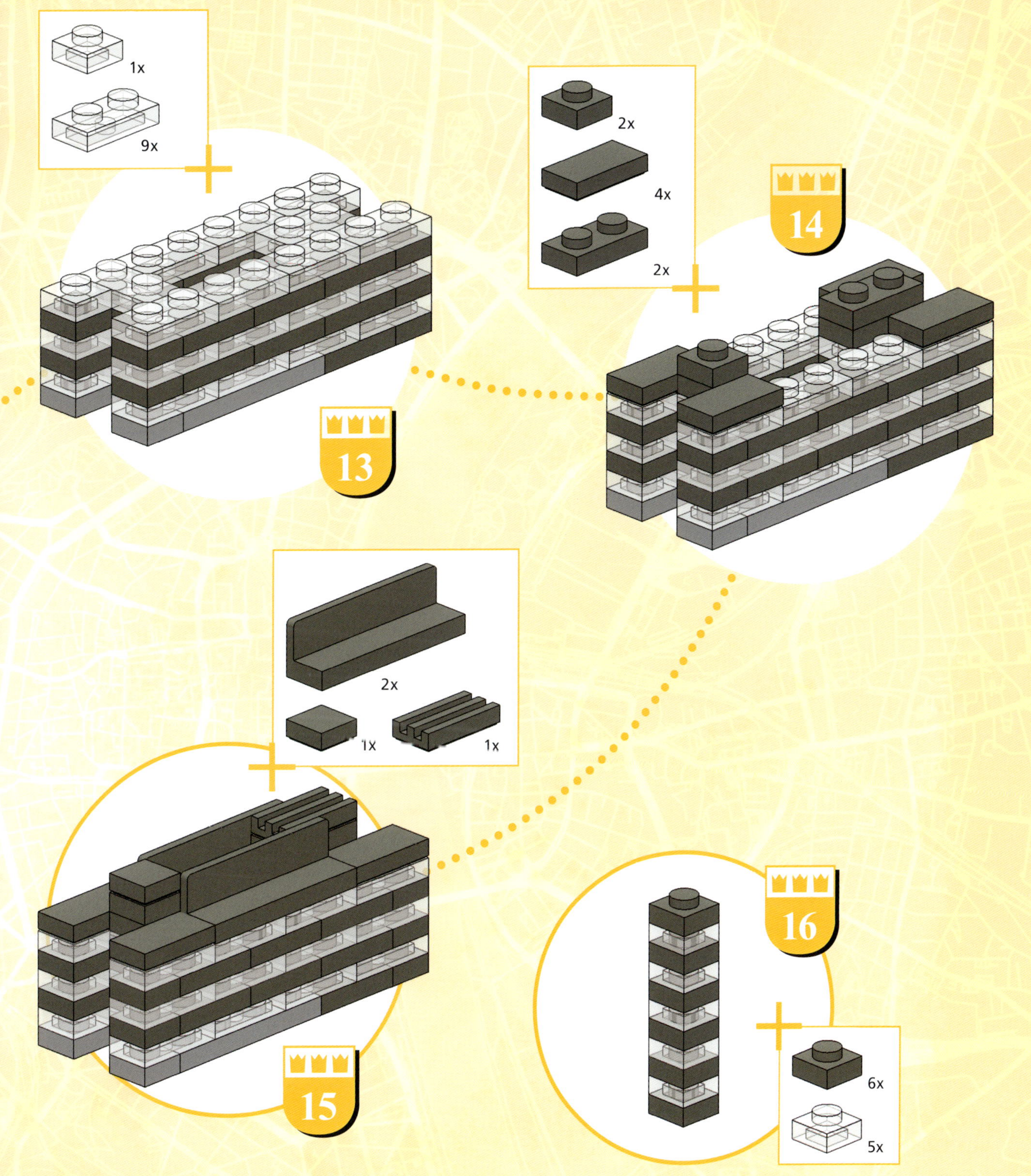
1x
9x
13
2x
4x
2x
14
2x
1x
1x
15
16
6x
5x

17

TEILELISTE

Menge		Farbe	Teilenummer	Name	LEGO® Teilenummer
4		Dark Bluish Gray	87087	Brick 1 x 1 with Stud on 1 Side	4558955
2		Dark Bluish Gray	30413	Panel 1 x 4 x 1 with Rounded Corners	4210844, 4267940, 6092647, 6092649
18		Dark Bluish Gray	3024	Plate 1 x 1	4210719
1		Light Bluish Gray	3024	Plate 1 x 1	4211399
12		Trans Clear	3024	Plate 1 x 1	3000840, 6252041
16		Dark Bluish Gray	3023	Plate 1 x 2	4211063
1		Light Bluish Gray	3023	Plate 1 x 2	3023194, 4211398
42		Light Bluish Gray	3023	Plate 1 x 2	4167842, 622540, 6240204
3		Dark Bluish Gray	3623	Plate 1 x 3	4211133
1		Light Bluish Gray	3623	Plate 1 x 3	3623194, 4211429
1		Light Bluish Gray	3710	Plate 1 x 4	4211445
3		Dark Bluish Gray	2420	Plate 2 x 2 Corner	4210635
4		Dark Bluish Gray	3021	Plate 2 x 3	4211043
1		Dark Bluish Gray	3070b	Tile 1 x 1 with Groove	4210848
1		Dark Bluish Gray	2412b	Tile 1 x 2 Grille with Groove	4210631
4		Dark Bluish Gray	3069b	Tile 1 x 2 with Groove	4211052
2		Light Bluish Gray	2431	Tile 1 x 4 with Groove	2431194, 4211356

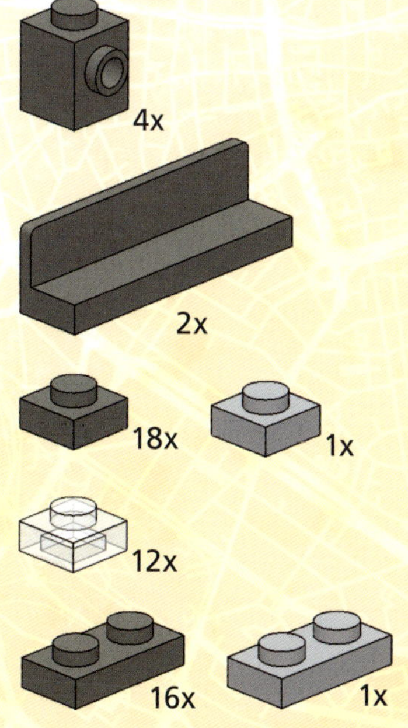

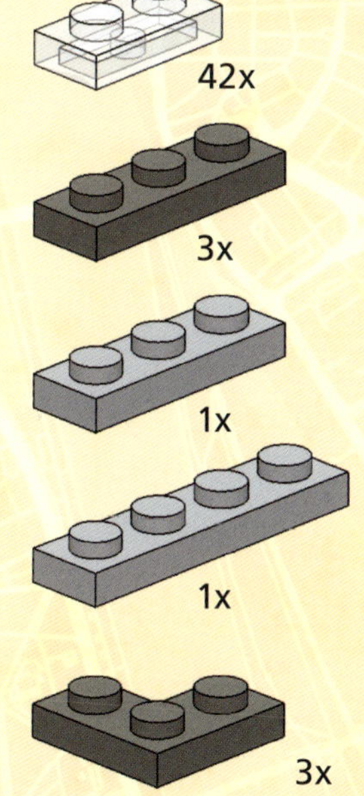

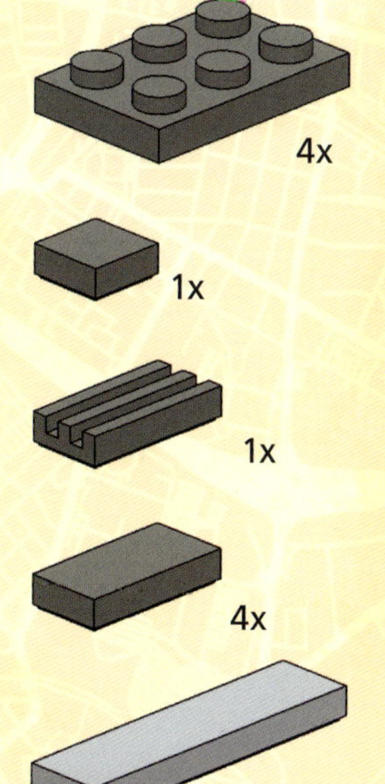

Hohenzollernbrücke

Dat Wasser vun Kölle ess joot

Hohenzollernbrücke

Etwas weiter den Rhein entlang in Richtung Zentrum führt die Eisenbahnanbindung über die Hohenzollernbrücke, eine sechsgleisige Stabbogenbrücke für Personenzüge und Fußgänger. Von Deutz kommend läuft sie direkt auf den Kölner Dom zu, die Gleise schwenken dann aber nach rechts in den Kölner Hauptbahnhof. Mit Rücksicht auf den Dom dürfen auch Hochgeschwindigkeitszüge die Brücke nur mit Tempo 30 überqueren, um Kölns Wahrzeichen nicht zu vielen Erschütterungen auszusetzen.

Hier zeigen wir die komplette Anleitung für das gesamte Modell. So ist es auch ein Einfaches, das Plateau für andere Modelle aus dem Buch anzupassen, wenn ihr möchtet. Es ist erstaunlich, wie viele Details in ein so kleines Diorama passen.

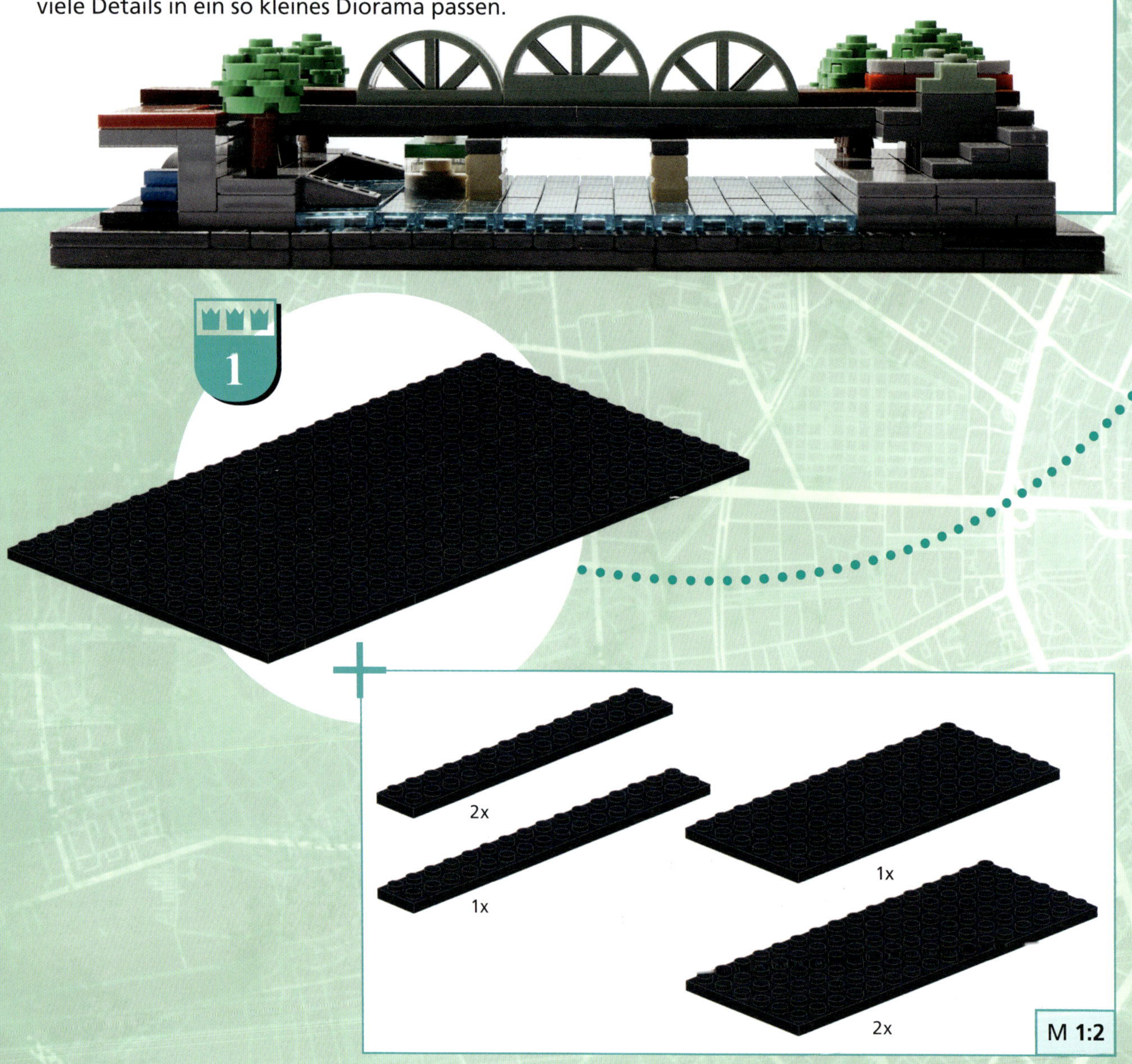

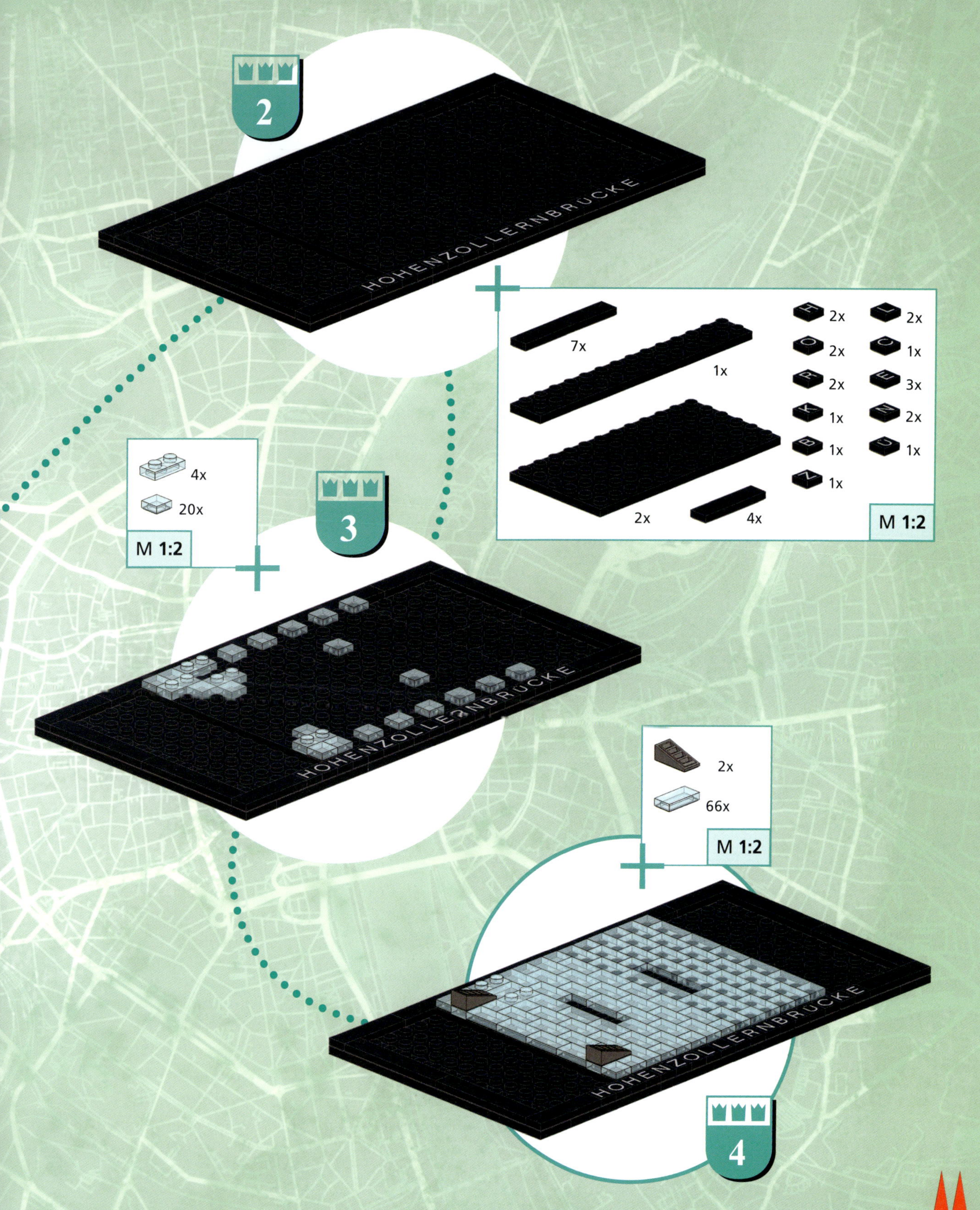
2
HOHENZOLLERNBRÜCKE
7x
1x
2x
4x
2x
2x
2x
1x
1x
1x
2x
1x
3x
2x
1x
M 1:2
4x
20x
M 1:2
3
2x
66x
M 1:2
4

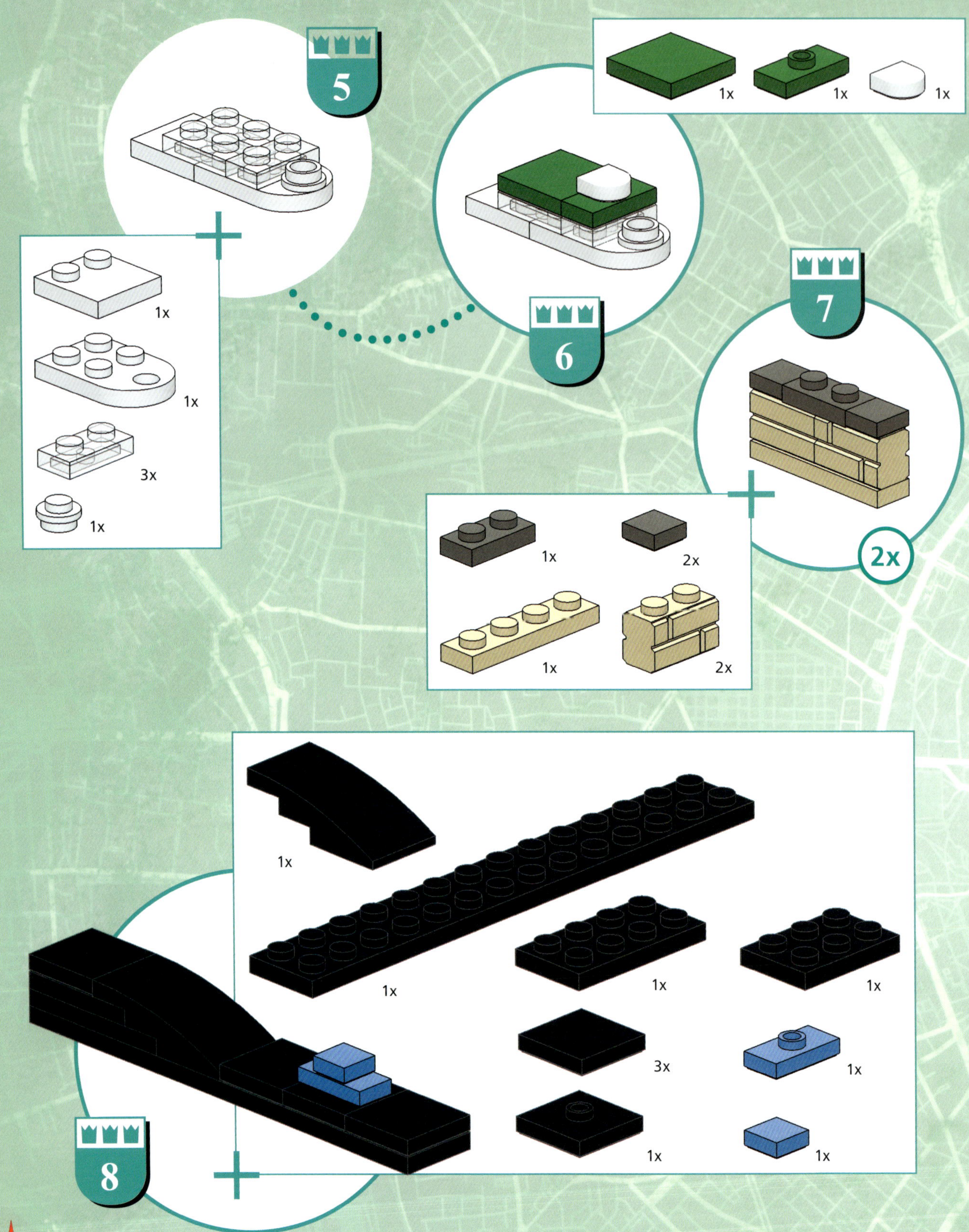
5
1x
1x
3x
1x
6
1x
1x
1x
7
1x
2x
1x
2x
2x
8
1x
1x
1x
1x
3x
1x
1x
1x

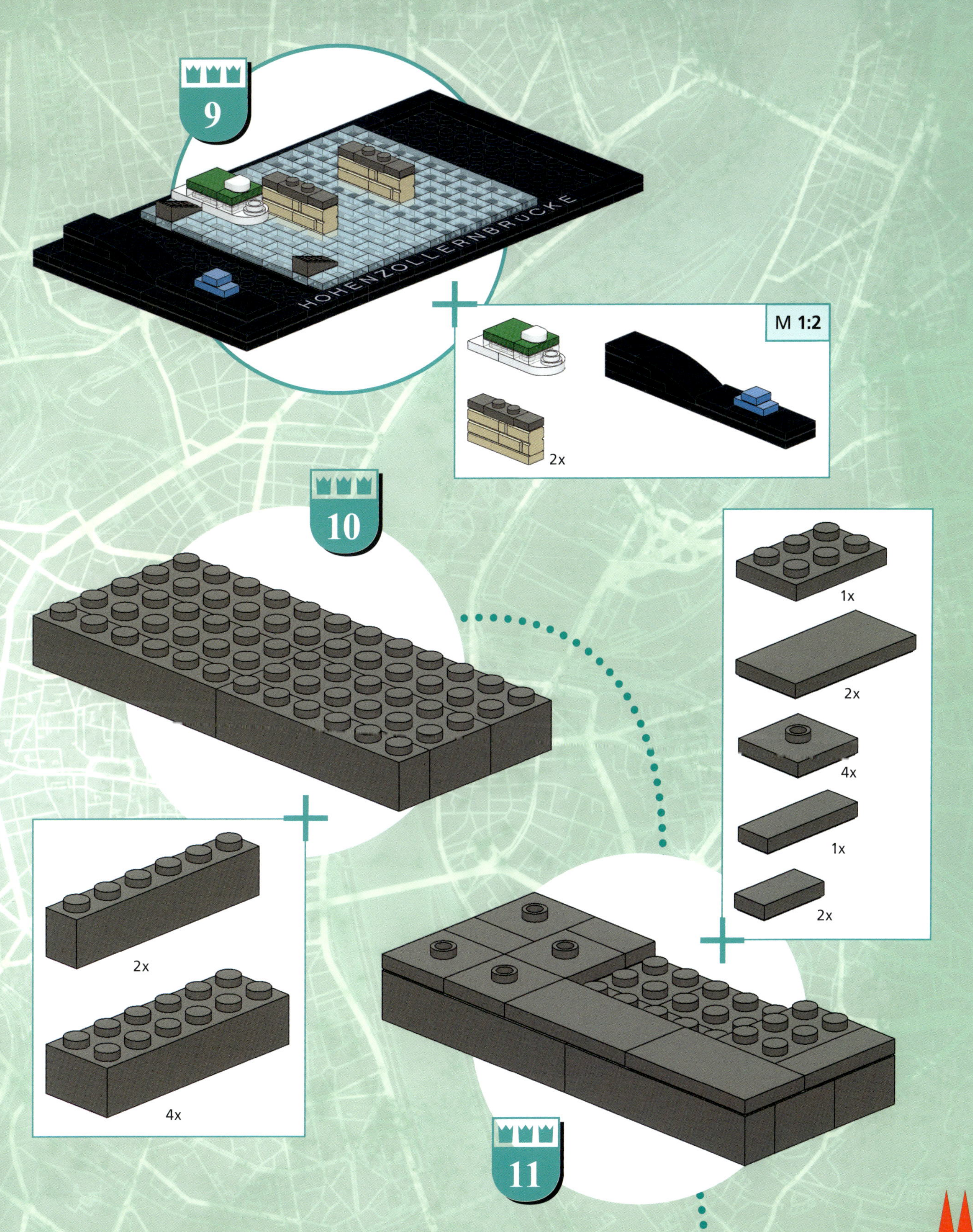
9
HOHENZOLLERNBRÜCKE
M 1:2
2x
10
1x
2x
4x
1x
2x
2x
4x
11

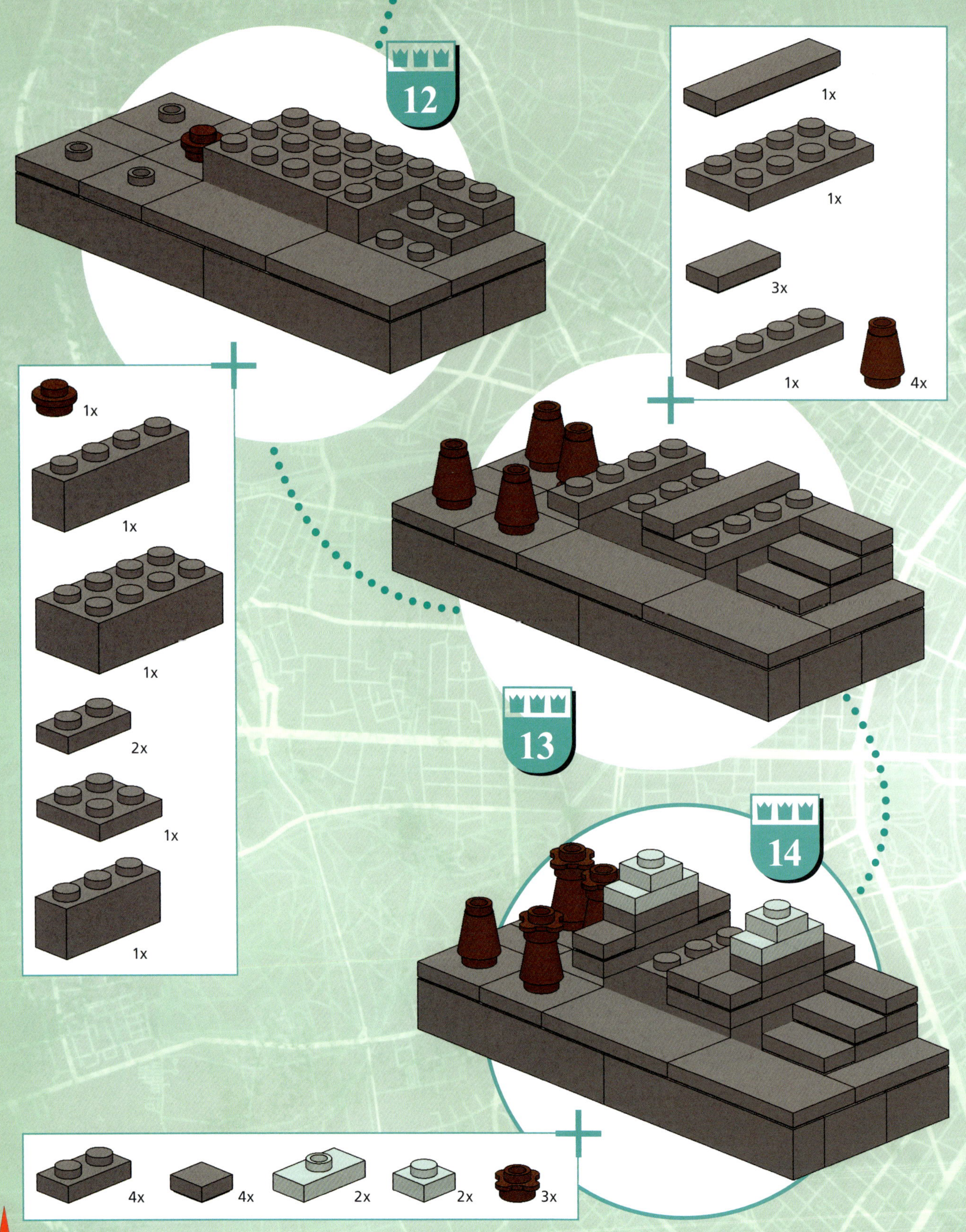

12
1x
1x
3x
1x
4x
1x
1x
1x
2x
1x
1x
13
14
4x
4x
2x
2x
3x

15

5x
2x
2x
1x
1x
1x
2x
1x
1x

16
1x
1x
2x

2x
17

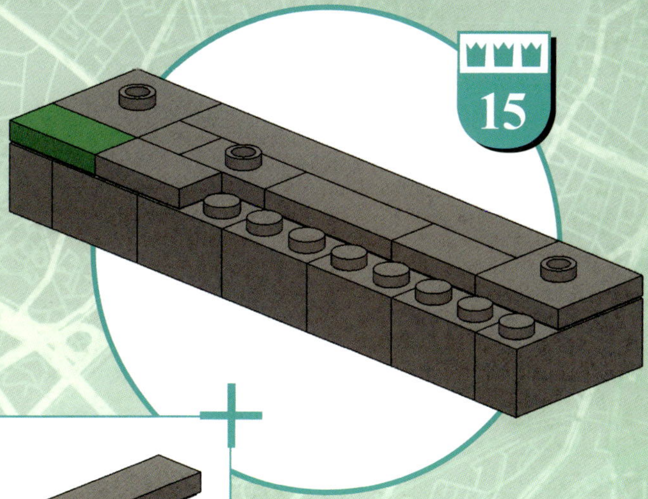

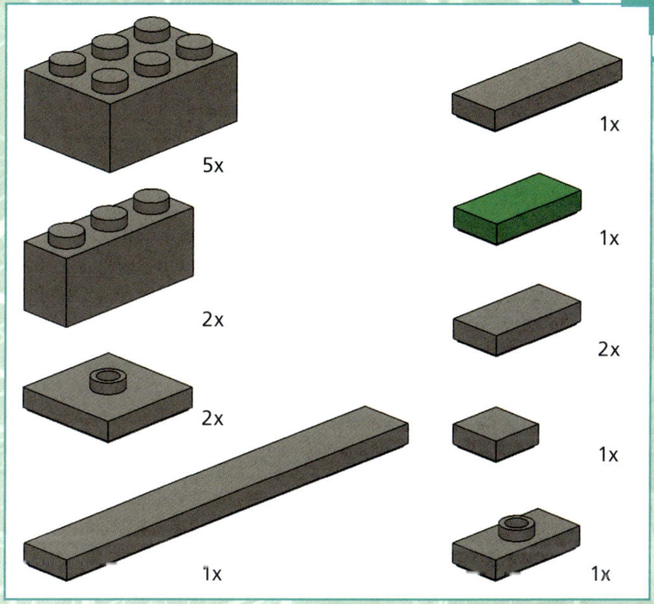

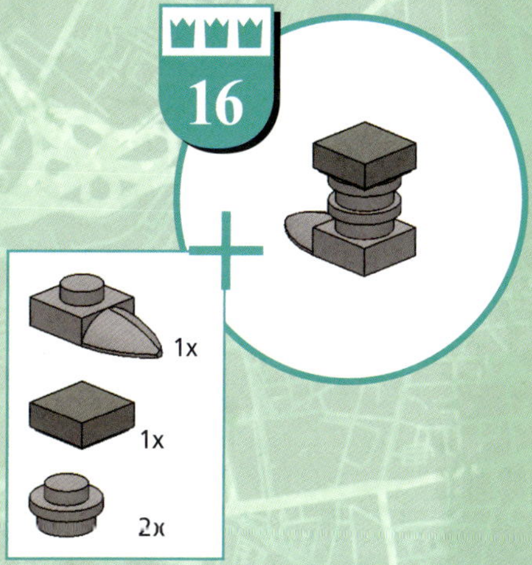

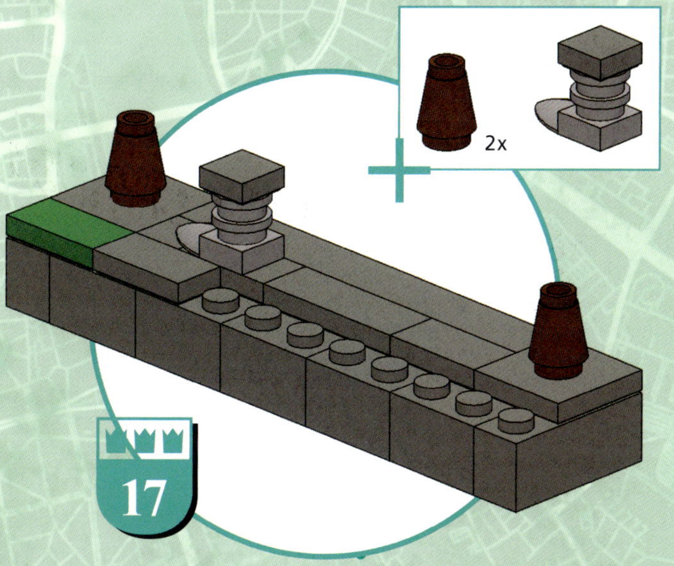

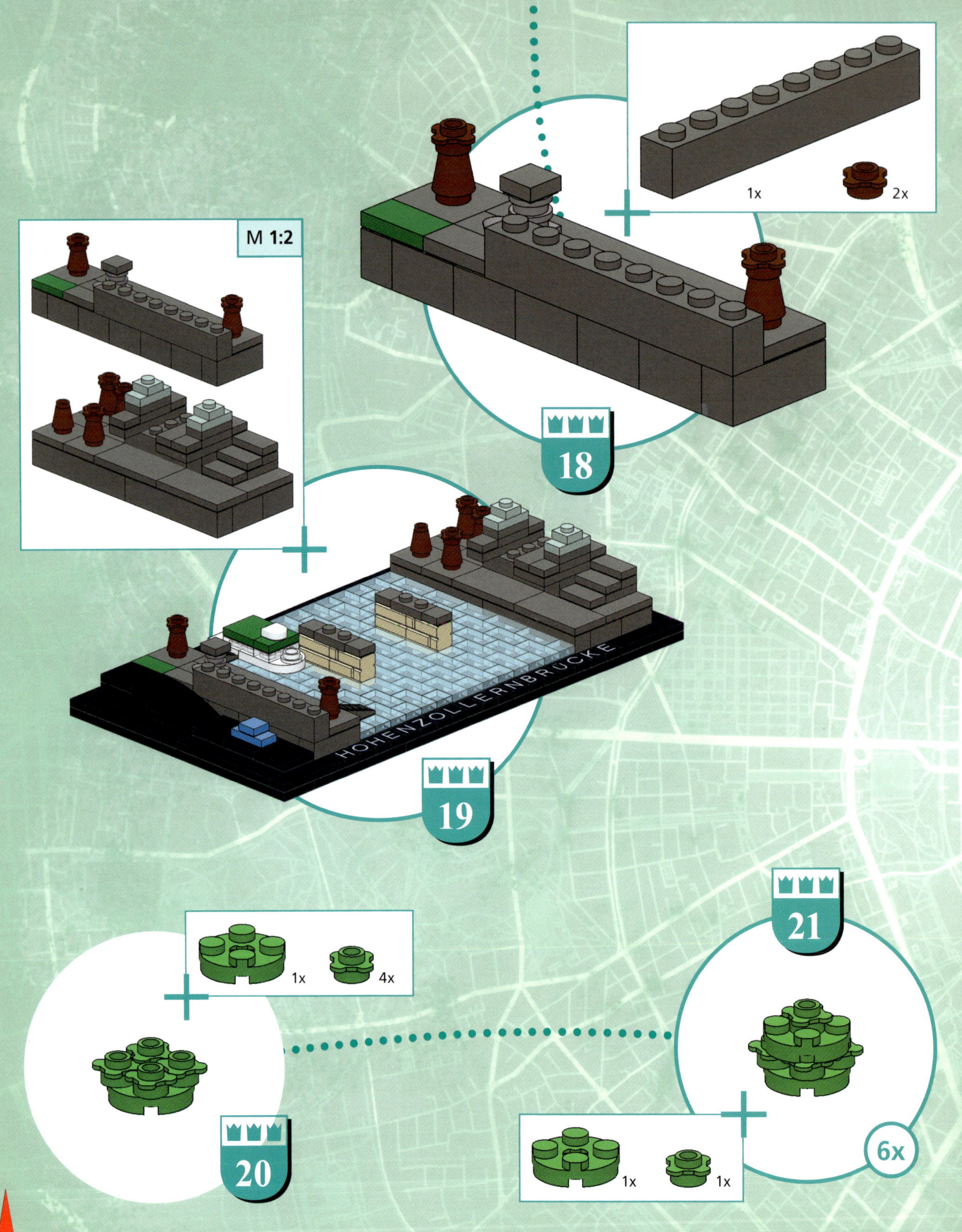
1x
2x
M 1:2
18
HOHENZOLLERNBRÜCKE
19
1x
4x
20
21
1x
1x
6x

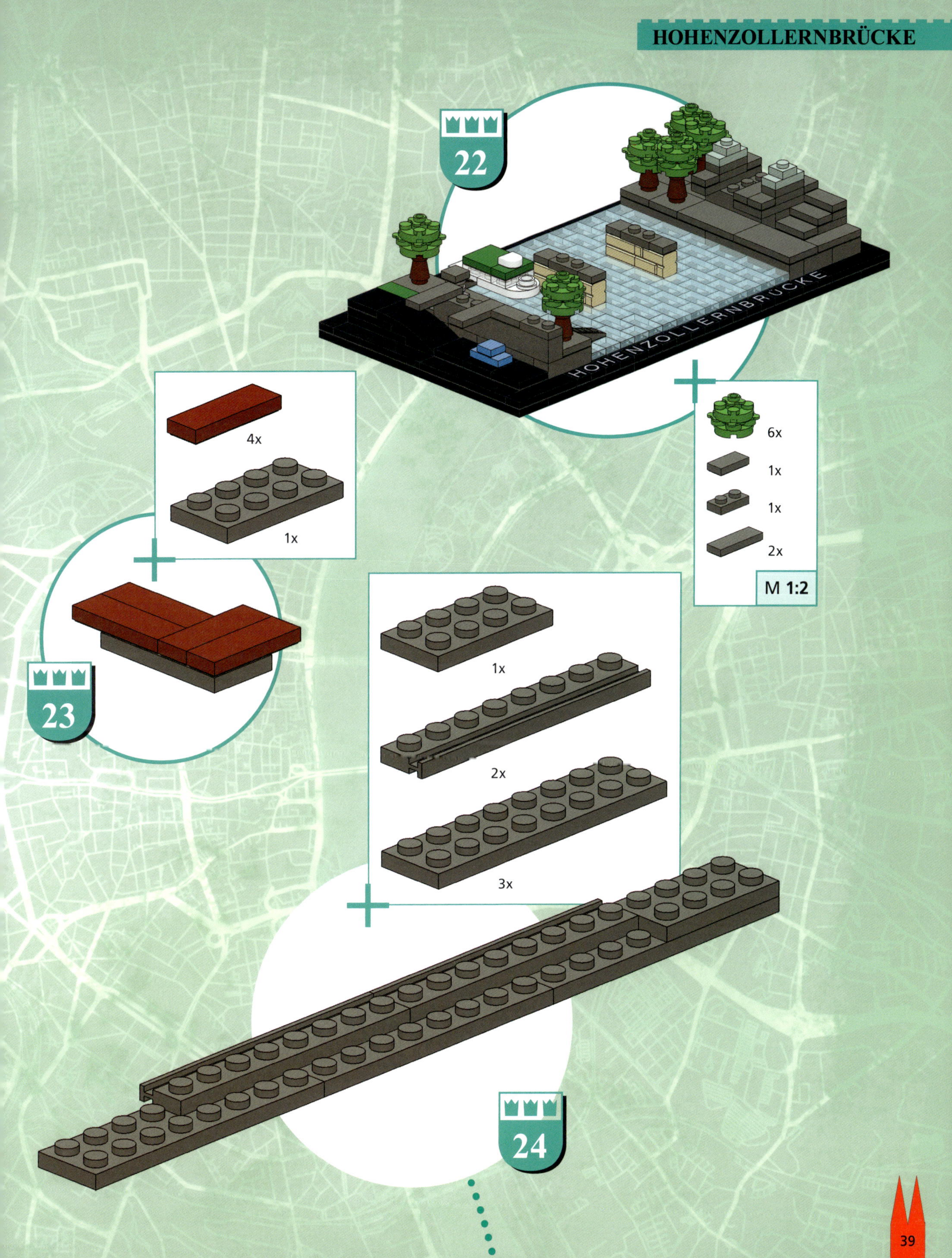
22
HOHENZOLLERNBRÜCKE
6x
1x
1x
2x
M 1:2
4x
1x
23
1x
2x
3x
24

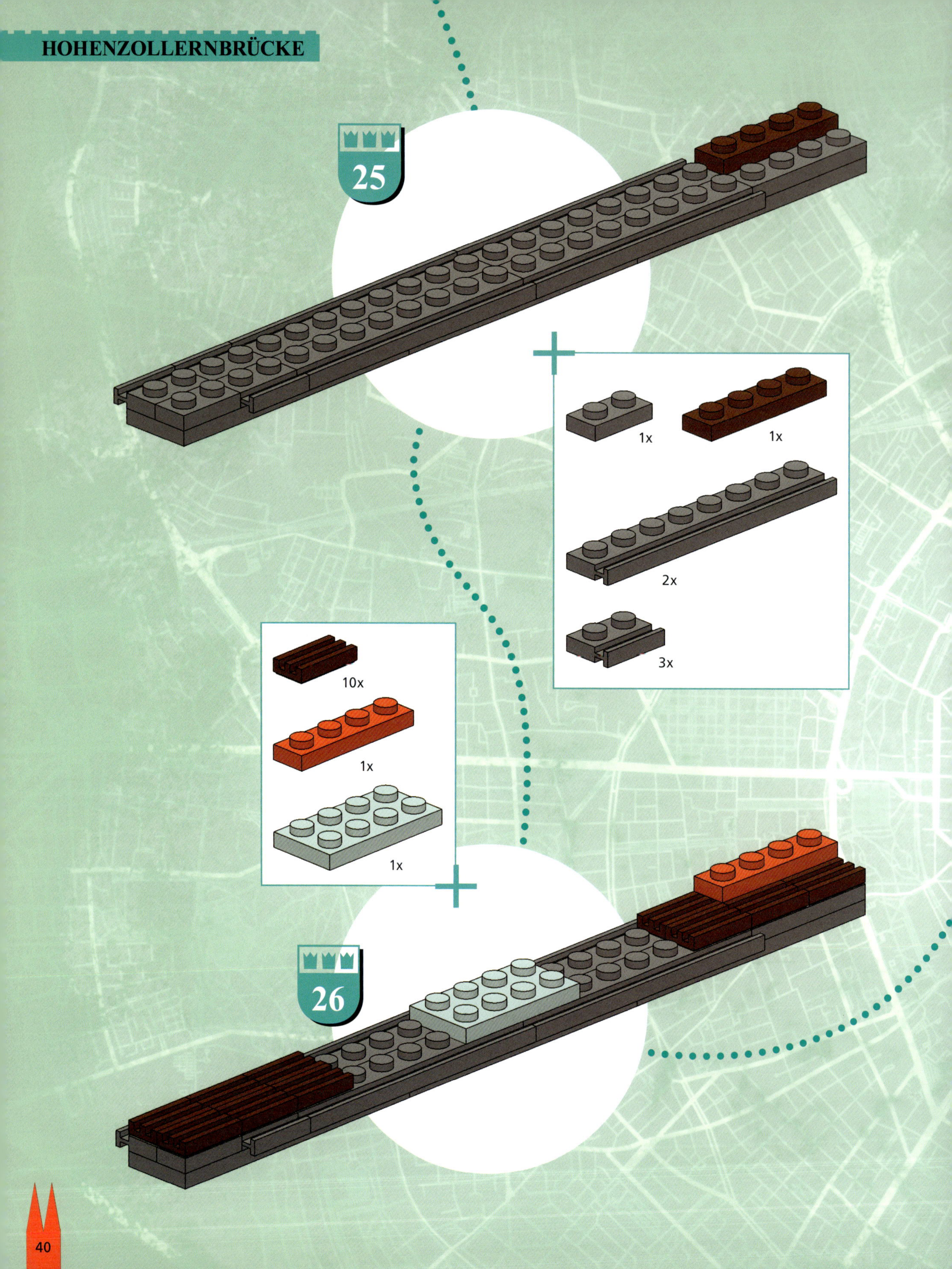
25
1x
1x
2x
3x
10x
1x
1x
26

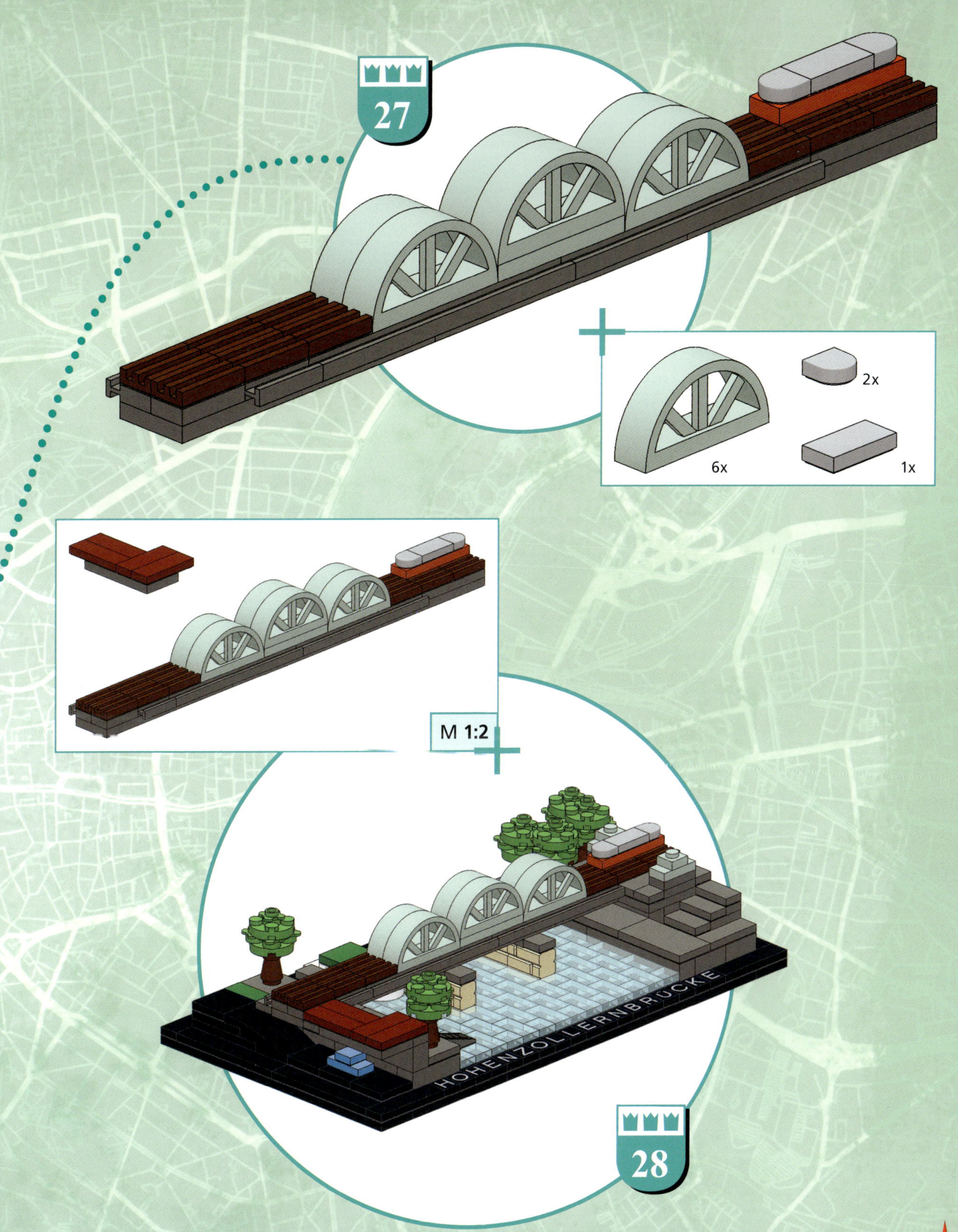
27
6x
2x
1x
M 1:2
HOHENZOLLERNBRÜCKE
28

TEILELISTE

Menge	Farbe	Teilenummer	Name	LEGO® Teilenummer
2	Tan	98283	Brick 1 x 2 with Embossed Bricks	6148262
3	Dark Bluish Gray	3622	Brick 1 x 3	4211104
1	Dark Bluish Gray	3010	Brick 1 x 4	4211103
2	Dark Bluish Gray	3009	Brick 1 x 6	4211100
1	Dark Bluish Gray	3008	Brick 1 x 8	4211099
5	Dark Bluish Gray	3002	Brick 2 x 3	4211105
1	Dark Bluish Gray	3001	Brick 2 x 4	4211085
4	Dark Bluish Gray	2456	Brick 2 x 6	4210875
6	Reddish Brown	4085b	Cone 1 x 1 with Stop	4597443
2	Sand Green	3024	Plate 1 x 1	6099189
2	Flat Silver	4073	Plate 1 x 1 Round	4633691
1	Reddish Brown	4073	Plate 1 x 1 Round	4216581
1	White	4073	Plate 1 x 1 Round	614101
20	Bright Green	33291	Plate 1 x 1 Round with Tabs	4619599, 6170300
5	Reddish Brown	33291	Plate 1 x 1 Round with Tabs	4623429, 6170302
1	Flat Silver	49668	Plate 1 x 1 with Tooth In-line	4625146
10	Dark Bluish Gray	3023	Plate 1 x 2	4211063
3	Trans Clear	3023	Plate 1 x 2	4167842, 622540, 6240204
4	Trans Light Blue	3023	Plate 1 x 2	6051918, 6240222
3	Dark Bluish Gray	32028	Plate 1 x 2 with Door Rail	4541289, 4543086
1	Dark Azure	15573	Plate 1 x 2 with Groove with 1 Centre Stud, without Understud	6151671
1	Dark Bluish Gray	15573	Plate 1 x 2 with Groove with 1 Centre Stud, without Understud	6092572
1	Green	15573	Plate 1 x 2 with Groove with 1 Centre Stud, without Understud	6092586
2	Sand Green	3794a	Plate 1 x 2 without Groove with 1 Centre Stud	4155069
1	Dark Bluish Gray	3710	Plate 1 x 4	4211001
1	Red	3710	Plate 1 x 4	371021
1	Reddish Brown	3710	Plate 1 x 4	4211190
1	Tan	3710	Plate 1 x 4	4113233

Menge	Farbe	Teilenummer	Name	LEGO® Teilenummer
4	Dark Bluish Gray	4510	Plate 1 x 8 with Door Rail	4210967
1	Dark Bluish Gray	3022	Plate 2 x 2	4211094
12	Bright Green	4032	Plate 2 x 2 Round with Axlehole	6138624
1	Black	87580	Plate 2 x 2 with Groove with 1 Centre Stud	4565323
6	Dark Bluish Gray	87580	Plate 2 x 2 with Groove with 1 Centre Stud	4565322, 6126083
1	Black	3021	Plate 2 x 3	302126
1	Dark Bluish Gray	3021	Plate 2 x 3	4211043
1	Black	3020	Plate 2 x 4	302026
3	Dark Bluish Gray	3020	Plate 2 x 4	4211065
1	Sand Green	3020	Plate 2 x 4	4616710, 6057579
3	Dark Bluish Gray	3034	Plate 2 x 8	4210997
2	Black	2445	Plate 2 x 12	244526
2	Black	91988	Plate 2 x 14	6001494
1	Black	4282	Plate 2 x 16	428226
1	White	3176	Plate 3 x 2 with Hole	4241007, 6089696
2	Black	3028	Plate 6 x 12	302826
1	Black	3456	Plate 6 x 14	345626
2	Black	3027	Plate 6 x 16	302726
2	Dark Bluish Gray	61409	Slope Brick 18 2 x 1 x 0.667 Grille	4521185, 4540386
1	Black	93606	Slope Brick Curved 4 x 2	4647286
1	Dark Azure	3070b	Tile 1 x 1 with Groove	6151658
8	Dark Bluish Gray	3070b	Tile 1 x 1 with Groove	4210848
20	Trans Light Blue	3070b	Tile 1 x 1 with Groove	4175010, 6051921
2	Light Bluish Gray	24246	Tile 1 x 1 with Rounded End	6151688, 6250597
1	White	24246	Tile 1 x 1 with Rounded End	6131655, 6250591
1	Black	3070bpue	Tile 1 x 1 with Silver „Ü" Pattern	unbekannt
1	Black	3070bptb	Tile 1 x 1 with Silver „B" Pattern	unbekannt
1	Black	3070bptc	Tile 1 x 1 with Silver „C" Pattern	unbekannt
3	Black	3070bpte	Tile 1 x 1 with Silver „E" Pattern	unbekannt

Menge		Farbe	Teilenummer	Name	LEGO® Teilenummer
2		Black	3070bpth	Tile 1 x 1 with Silver „H" Pattern	unbekannt
1		Black	3070bptk	Tile 1 x 1 with Silver „K" Pattern	unbekannt
2		Black	3070bptl	Tile 1 x 1 with Silver „L" Pattern	unbekannt
2		Black	3070bptn	Tile 1 x 1 with Silver „N" Pattern	unbekannt
2		Black	3070bpto	Tile 1 x 1 with Silver „O" Pattern	unbekannt
2		Black	3070bptr	Tile 1 x 1 with Silver „R" Pattern	unbekannt
1		Black	3070bptz	Tile 1 x 1 with Silver „Z" Pattern	unbekannt
10		Reddish Brown	2412b	Tile 1 x 2 Grille with Groove	4224243
8		Dark Bluish Gray	3069b	Tile 1 x 2 with Groove	4211052
1		Green	3069b	Tile 1 x 2 with Groove	306928
1		Light Bluish Gray	3069b	Tile 1 x 2 with Groove	4211414
66		Trans Light Blue	3069b	Tile 1 x 2 with Groove	4667222, 6251295
4		Dark Bluish Gray	63864	Tile 1 x 3 with Groove	4568734
4		Dark Red	63864	Tile 1 x 3 with Groove	4583299
4		Black	2431	Tile 1 x 4 with Groove	243126
1		Dark Bluish Gray	2431	Tile 1 x 4 with Groove	4211053
7		Black	6636	Tile 1 x 6	663626
1		Dark Bluish Gray	4162	Tile 1 x 8	4211008, 5210651
3		Black	3068b	Tile 2 x 2 with Groove	306826
1		Green	3068b	Tile 2 x 2 with Groove	4107762
1		White	33909	Tile 2 x 2 with Studs on Edge	6218822
2		Dark Bluish Gray	87079	Tile 2 x 4 with Groove	4560184
6		Sand Green	20309	Window 1 x 4 x 1.667 Half Round with 3 Radial Dividers	6138738

2x
3x
1x
2x
1x
5x
1x
4x
6x
2x
2x
1x
1x
20x
5x
1x
10x
3x
4x
3x
1x
1x
1x
2x
1x
1x
1x
1x
4x
1x
12x
1x
6x
1x
1x
1x
3x
1x

3x
2x
2x
1x
2x
1x
1x
2x

2x
1x
1x
8x
20x
2x
1x
1x
1x
1x
3x
2x
1x
2x
2x
2x
2x
1x
10x
8x
1x
1x
66x
4x
4x
4x
1x
7x
1x
3x
1x
1x
2x
6x

Reiterstandbild
Kaiser Wilhelm I.
Lewwer rich un jesund
als ärm un krank
KAISER WILHELM I

Reiterstandbild Kaiser Wilhelm I.

Die Hohenzollernbrücke wird flankiert von vier Reiterstandbildern preußischer Könige und deutscher Kaiser der Familie der Hohenzollern. Rechtsrheinisch – also auf Deutzer Seite – steht das Denkmal Kaiser Wilhelms I., das ich hier nachbilde.

Auf dem Foto rechts könnt ihr eine Möglichkeit erkennen, den hohen Sockel zu gestalten. Für das Mauerwerk habe ich Goldbarren verwendet, sie sind bei BrickLink unter Light Bluish Gray Minifig Utensil Ingot / Bar 99563 zu finden.

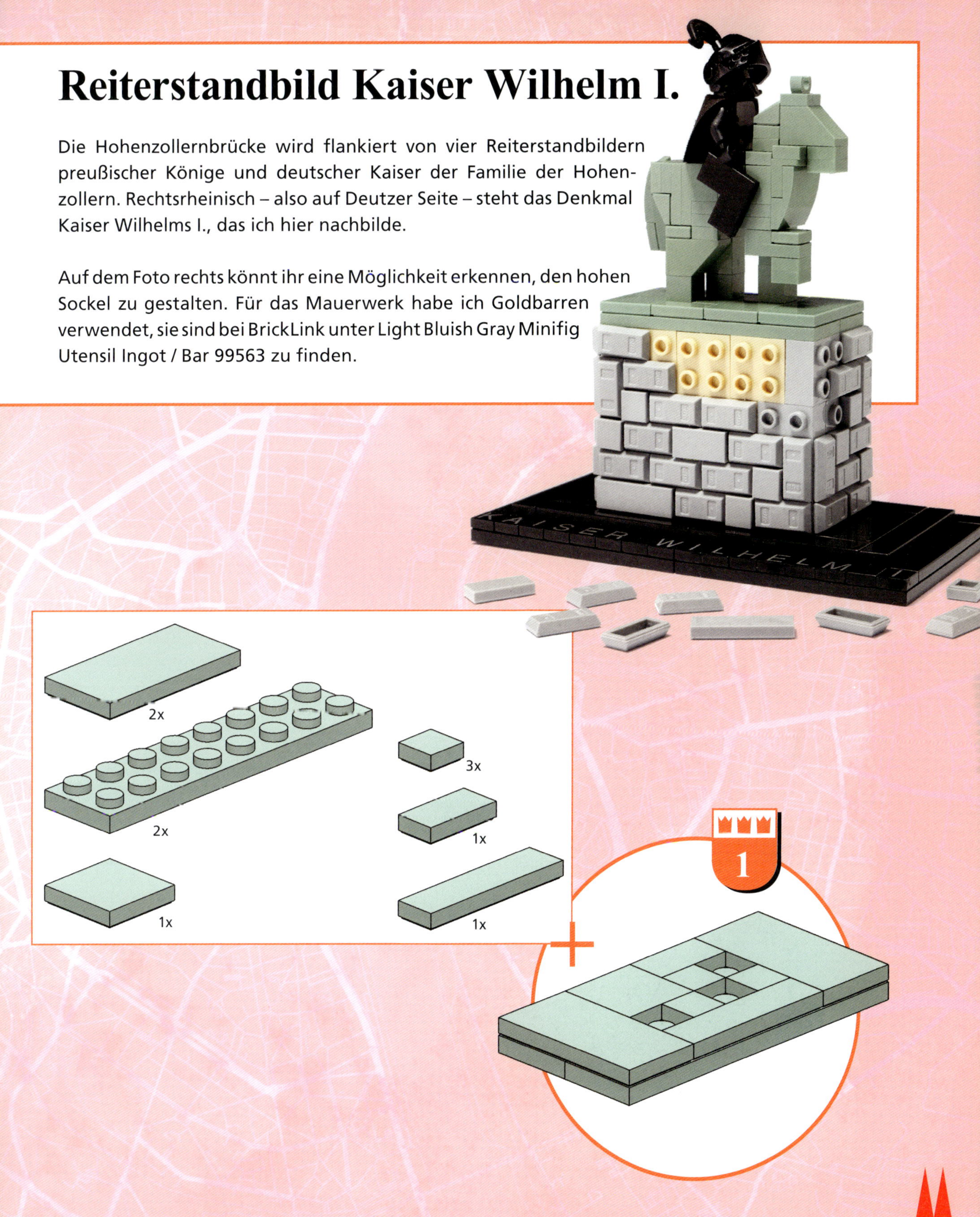

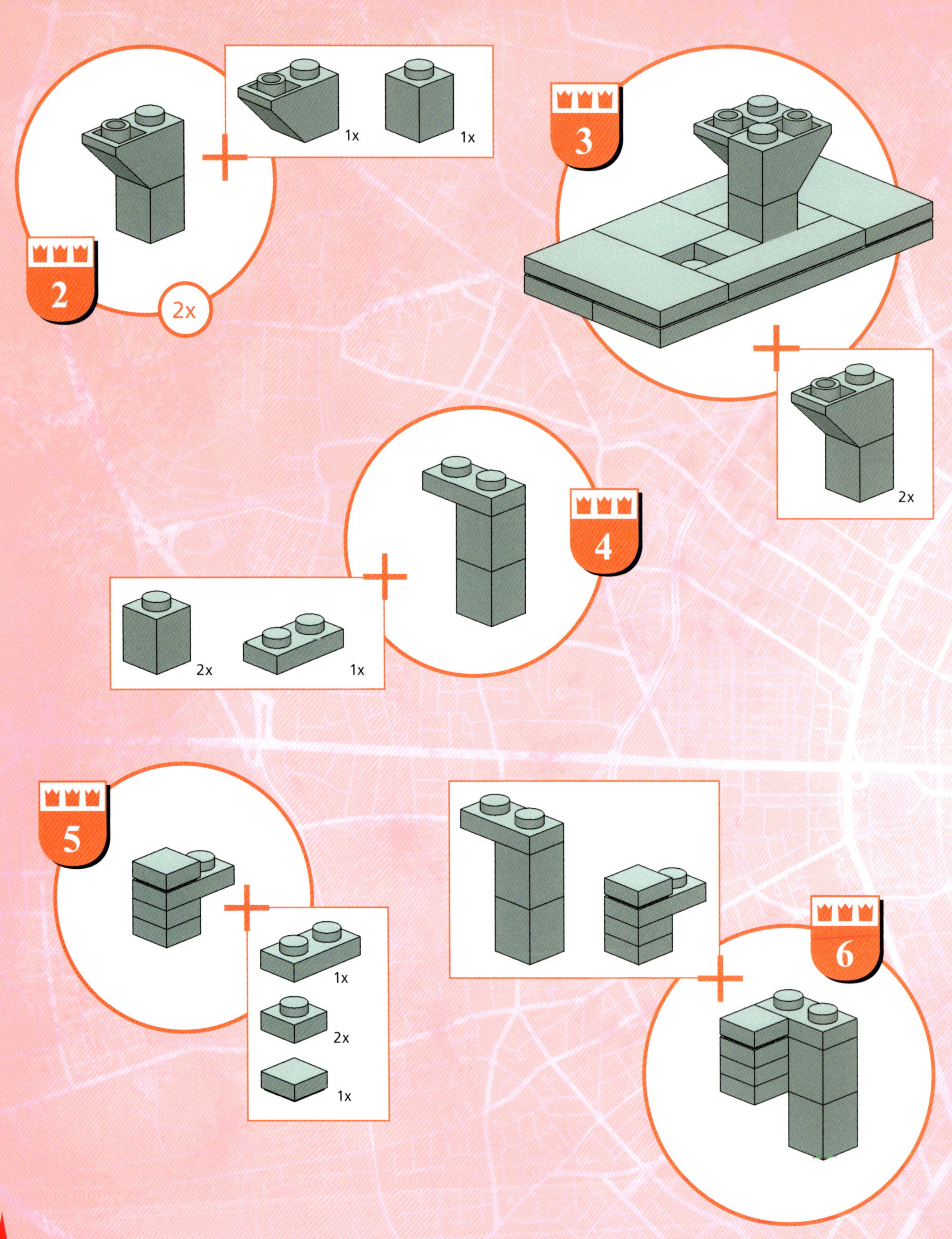
1x
1x
3
2
2x
2x
4
2x
1x
5
1x
2x
1x
6

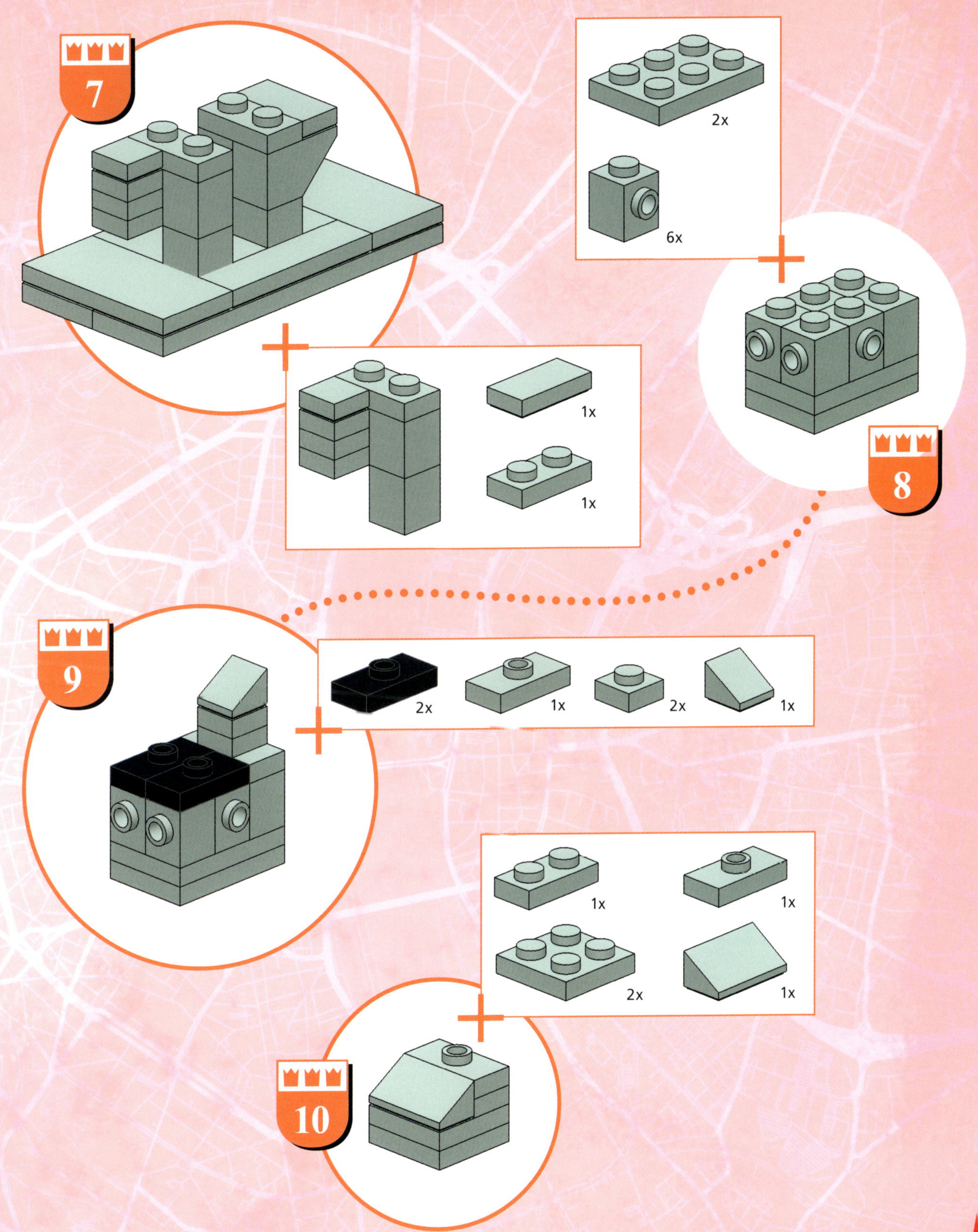
7
2x
6x
1x
1x
8
9
2x
1x
2x
1x
1x
1x
2x
1x
10

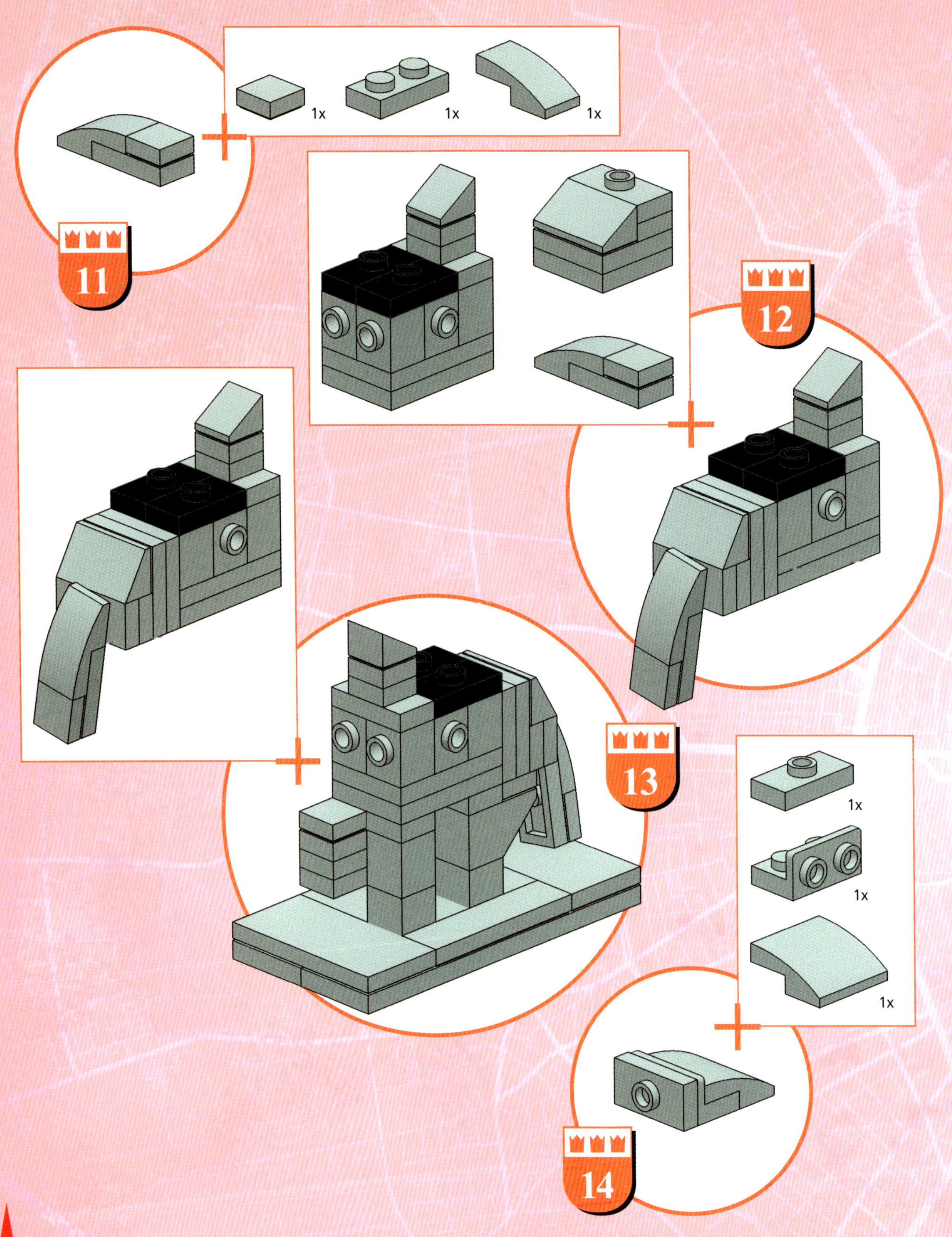
1x
1x
1x
11
12
13
1x
1x
1x
14

15
16
2x
1x
1x
17
2x

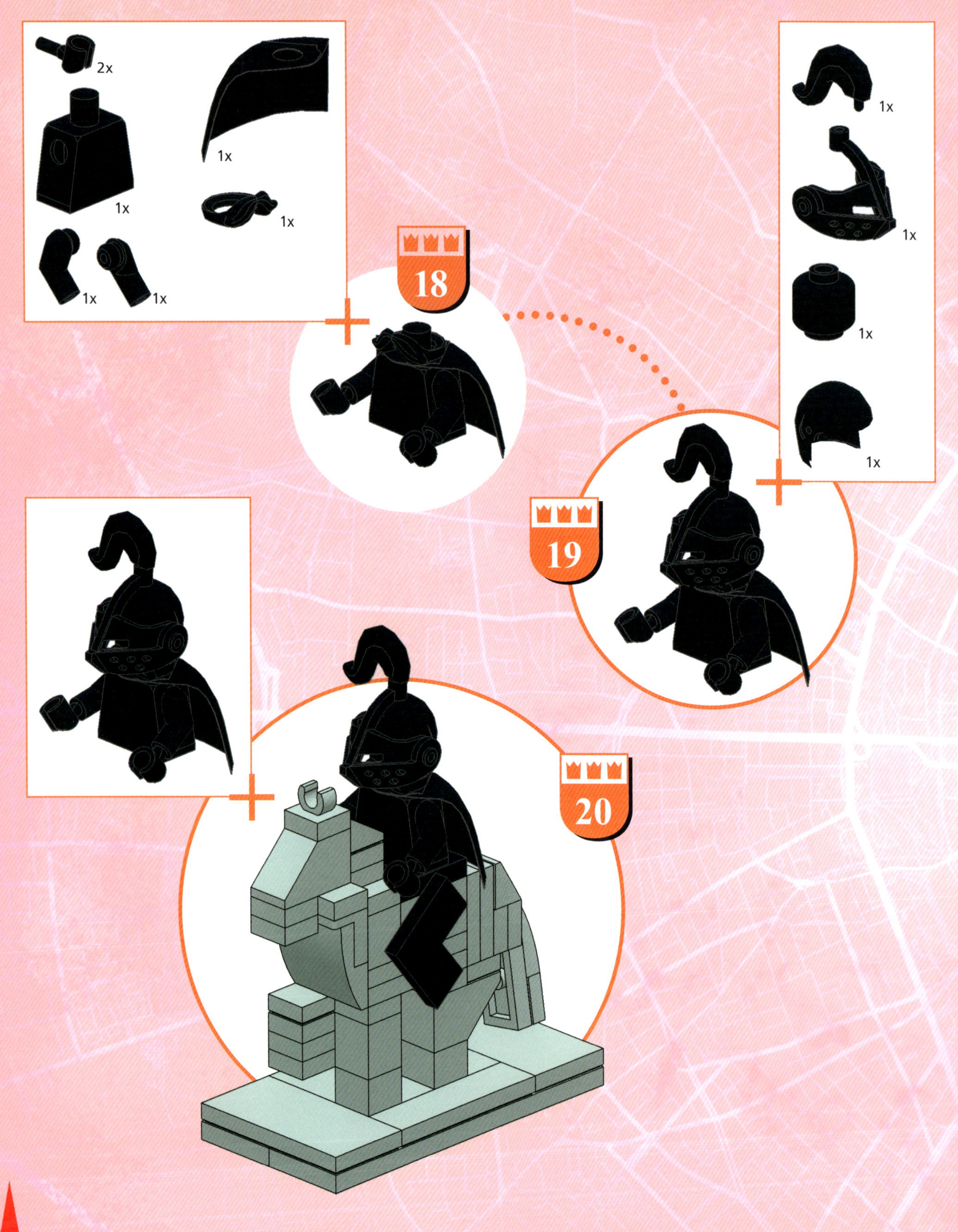
2x
1x
1x
1x
1x
1x
18
1x
1x
1x
1x
19
20

TEILELISTE

Menge	Farbe	Teilenummer	Name	LEGO® Teilenummer
1	Sand Green	99780	Bracket 1 x 2 - 1 x 2 Up	6052779
4	Sand Green	3005	Brick 1 x 1	4155050, 4517380, 4521948
6	Sand Green	87087	Brick 1 x 1 with Stud on 1 Side	6009656
1	Black	3819	Minifig Arm, left	
1	Black	3818	Minifig Arm, right	
1	Black	99464	Minifig Cape Cloth Short	4651017
2	Black	3820	Minifig Hand	938
1	Black	3626b	Minifig Head with Hollow Stud	362626
1	Black	93560	Minifig Helmet Sports	6217663
1	Black	2594	Minifig Helmet Visor Pointed	unbekannt
1	Black	15439	Minifig Moustache	6055605
1	Black	4502c	Minifig Plume Large	unbekannt
1	Black	973c14	Minifig Torso black plain	4647383, 6001778
6	Sand Green	3024	Plate 1 x 1	6099189
5	Sand Green	3023	Plate 1 x 2	4655080
2	Black	3794a	Plate 1 x 2 without Groove with 1 Centre Stud	379426
3	Sand Green	3794a	Plate 1 x 2 without Groove with 1 Centre Stud	4155069
2	Sand Green	3022	Plate 2 x 2	4155256, 6106823
2	Sand Green	3021	Plate 2 x 3	6184348
2	Sand Green	3034	Plate 2 x 8	4155258
1	Sand Green	54200	Slope Brick 31 1 x 1 x 0.667	4652205
1	Sand Green	85984	Slope Brick 31 1 x 2 x 0.667	6210479
1	Sand Green	3040	Slope Brick 45 2 x 1	4143043, 4597014
2	Sand Green	3665	Slope Brick 45 2 x 1 Inverted	4623297
1	Sand Green	11477	Slope Brick Curved 2 x 1	6196591
1	Sand Green	15068	Slope Brick Curved 2 x 2 x 0.667	6080431
1	Sand Green	15712	Tile 1 x 1 with Clip (Thick C-Clip)	6125669
5	Sand Green	3070b	Tile 1 x 1 with Groove	6223913
2	Sand Green	3069b	Tile 1 x 2 with Groove	4616578
1	Sand Green	2431	Tile 1 x 4 with Groove	4162177, 4529340, 4616588, 6192923

Menge		Farbe	Teilenummer	Name	LEGO® Teilenummer
2		Black	14719	Tile 2 x 2 Corner	6133722
1		Sand Green	3068b	Tile 2 x 2 with Groove	4162911
2		Sand Green	87079	Tile 2 x 4 with Groove	4633693

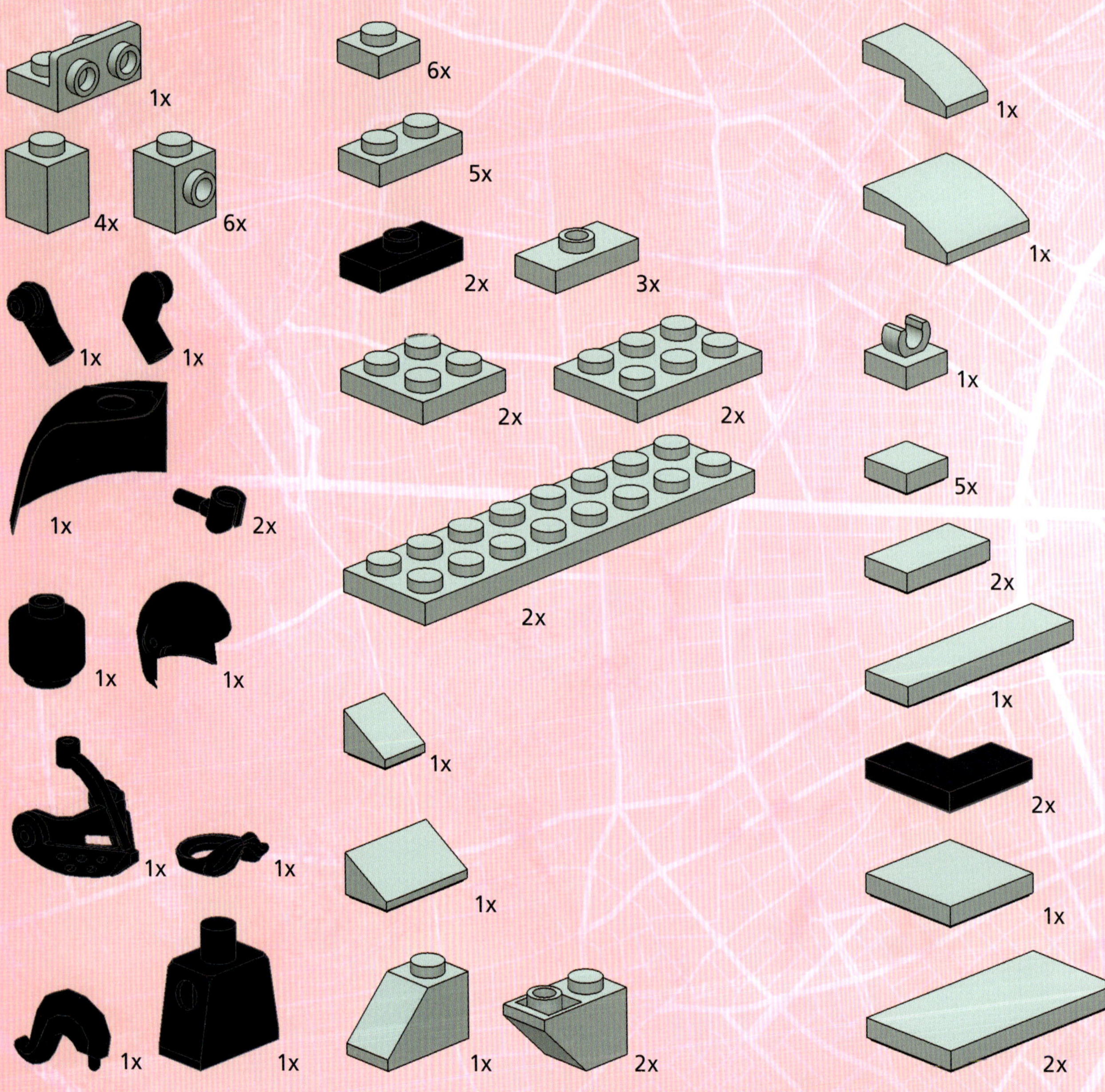

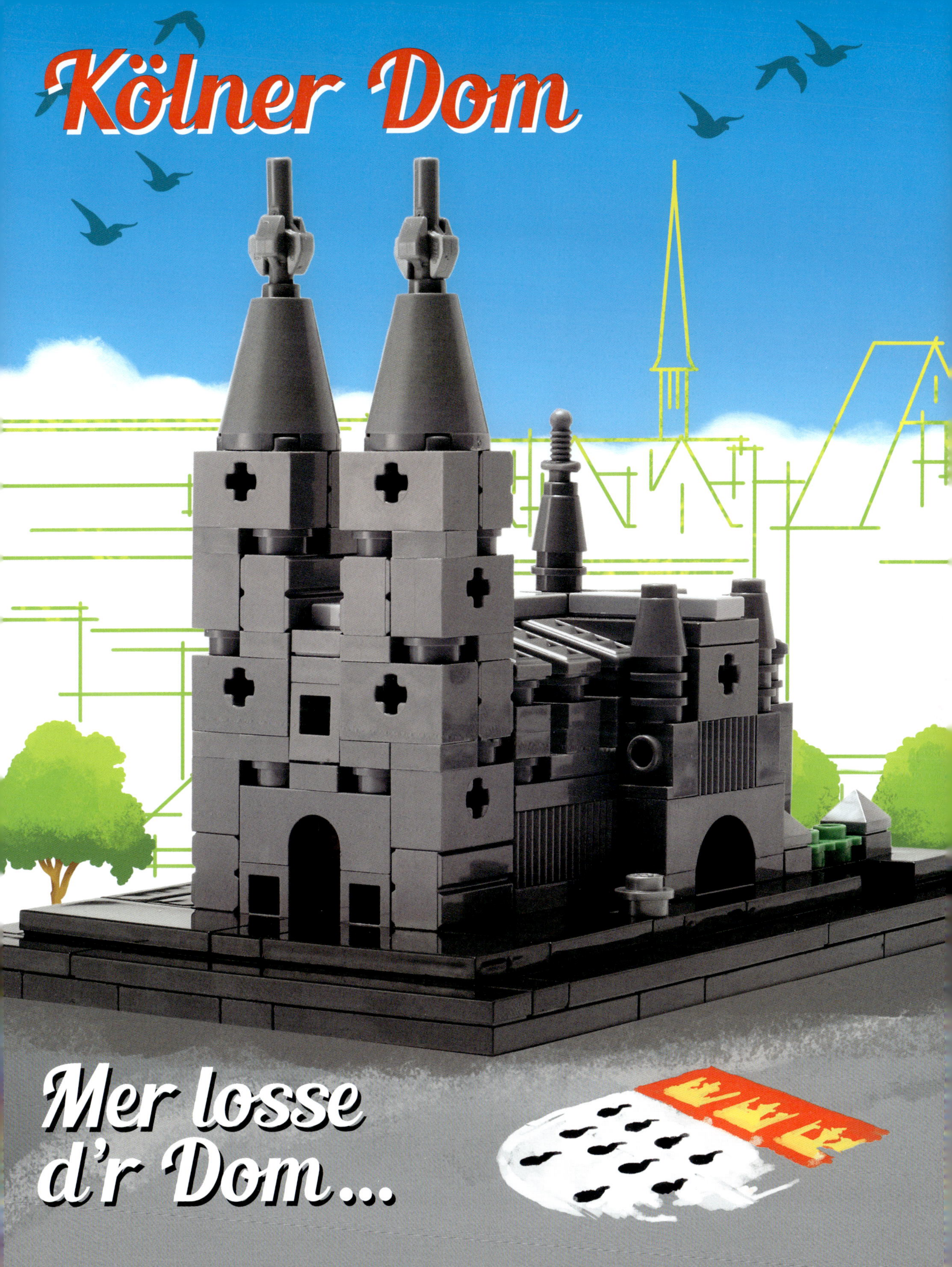
Kölner Dom
Mer losse
d'r Dom ...

Kölner Dom

Natürlich darf in einem Buch über Köln der Dom nicht fehlen – die Hohe Domkirche Sankt Petrus, so sein offizieller Name – ist die meistbesuchte Sehenswürdigkeit nicht nur von Köln, sondern von ganz Deutschland. Mit einer Turmhöhe von 157,38 Metern ist der Dom die zweithöchste Kirche der Welt, nach dem Ulmer Münster. Dafür hat der Dom aber zwei Türme und nicht nur einen. Bei der Vorbereitung zu diesem Buch sind einige Modelle des Weltkulturerbes in verschiedenen Größen entstanden. Wir haben uns schließlich für dieses hier entschieden.

1
1x
1x
1x
2x
1x
1x
1x
1x
1x
M 3:4

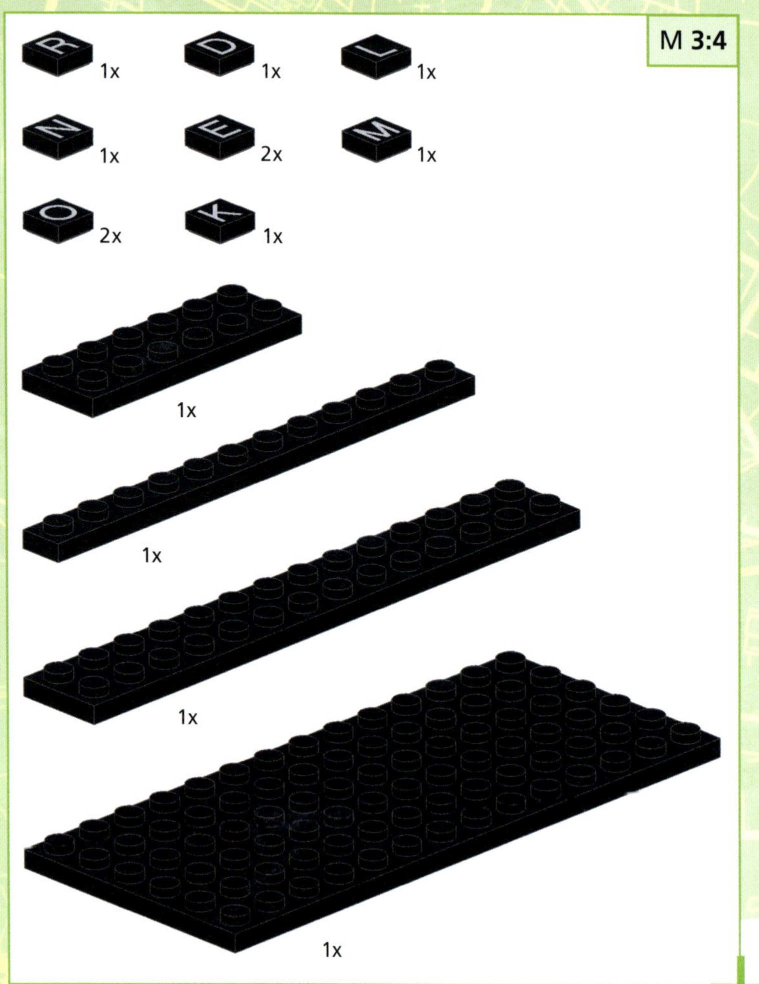
M 3:4
1x
1x
1x
1x
2x
1x
2x
1x
1x
1x
1x
1x

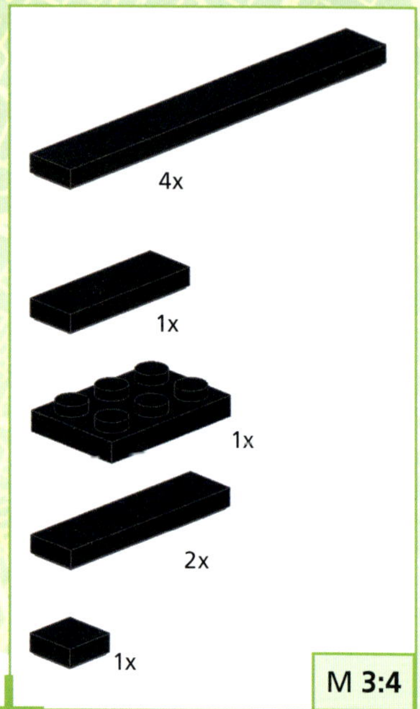
4x
1x
1x
2x
1x
M 3:4

2

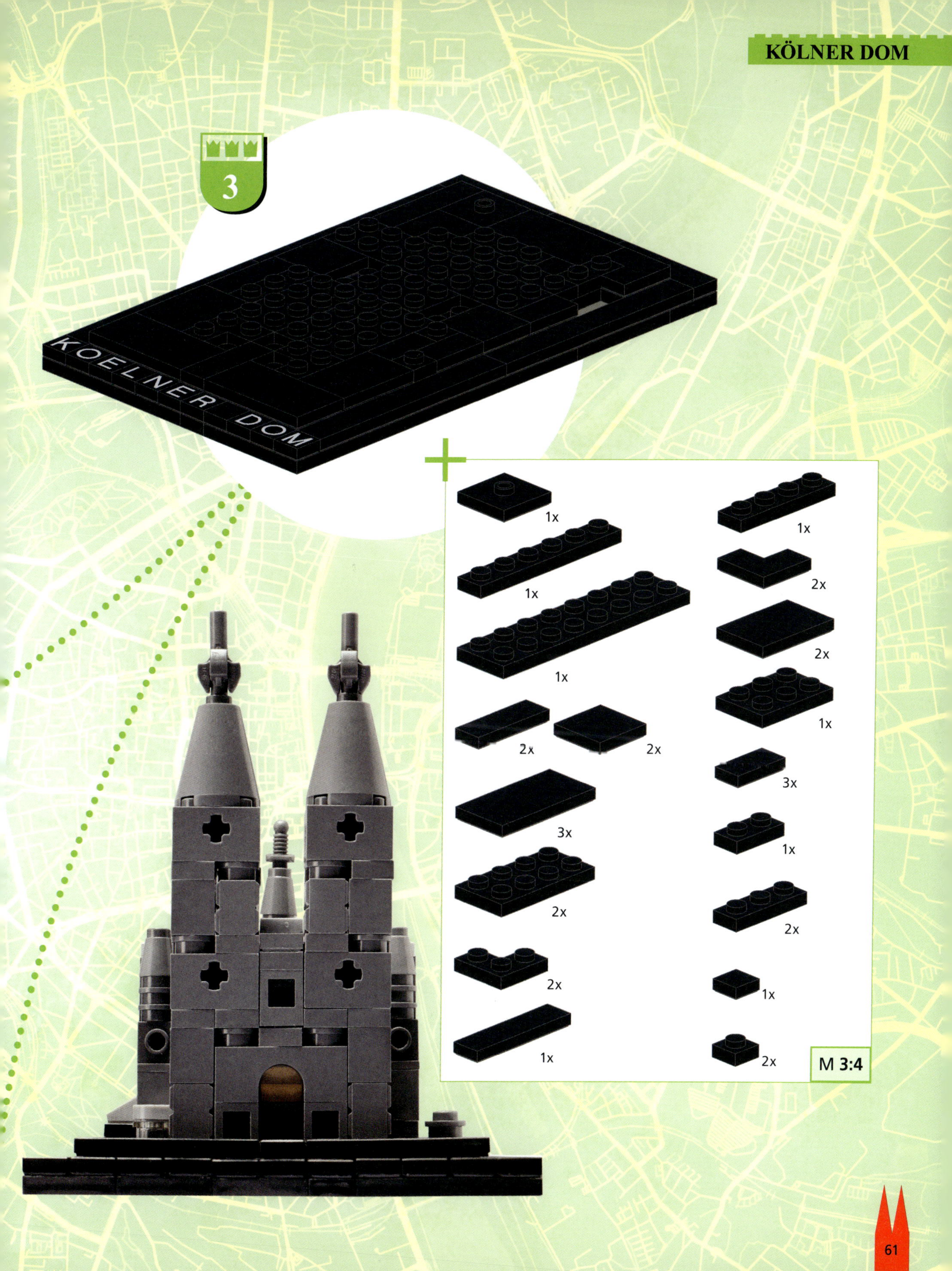
3
KOELNER DOM
1x
1x
1x
2x
2x
3x
2x
2x
1x
1x
2x
2x
1x
3x
1x
2x
1x
2x
M 3:4

4

KOELNER DOM

1x
1x
1x
1x
3x
1x
1x
2x
3x
M 3:4

2x
2x
2x
2x
2x
M 3:4

KOELNER DOM

5

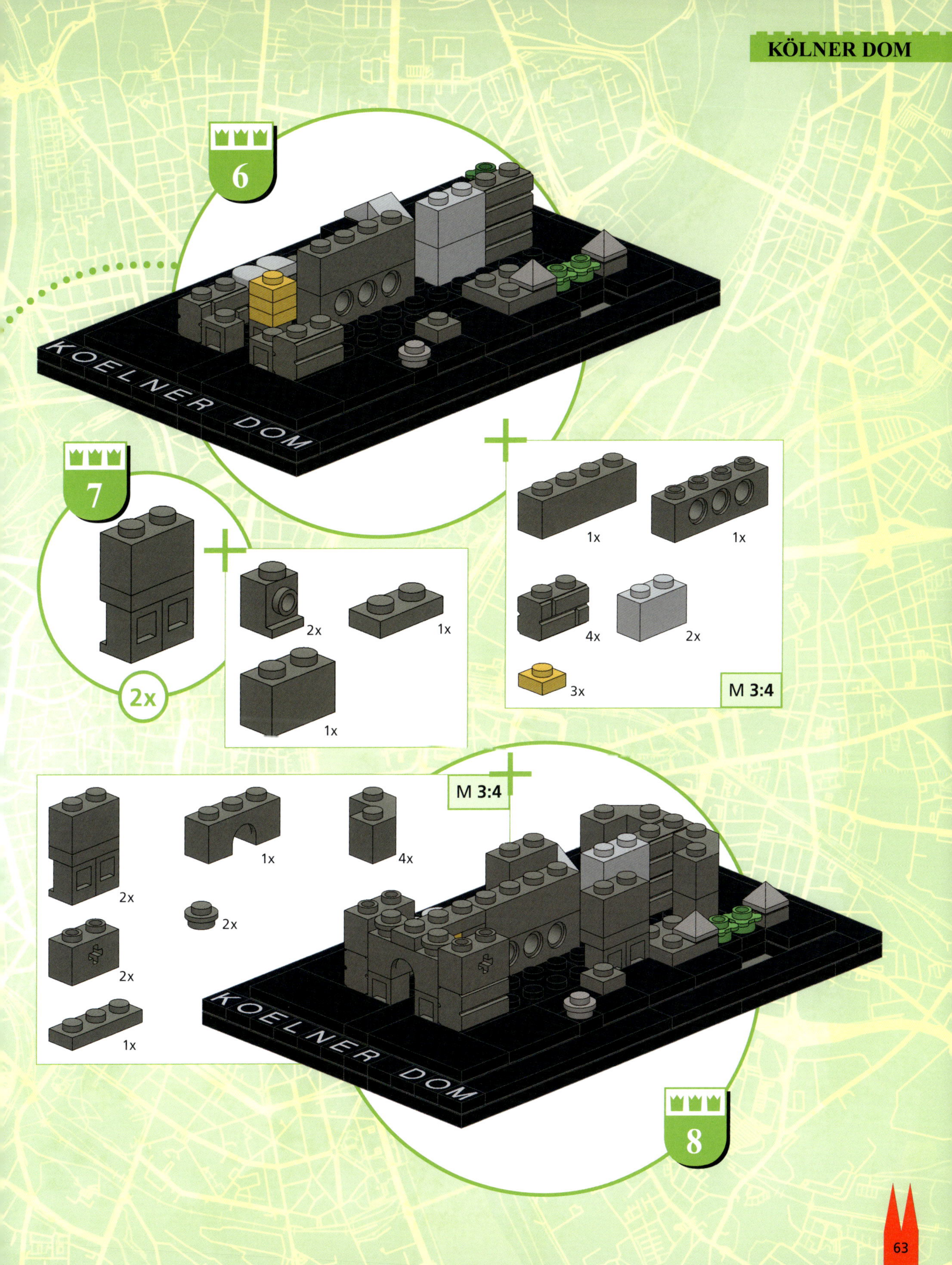
6
KOELNER DOM
1x
1x
4x
2x
3x
M 3:4
7
2x
2x
1x
1x
M 3:4
2x
1x
4x
2x
2x
1x
KOELNER DOM
8

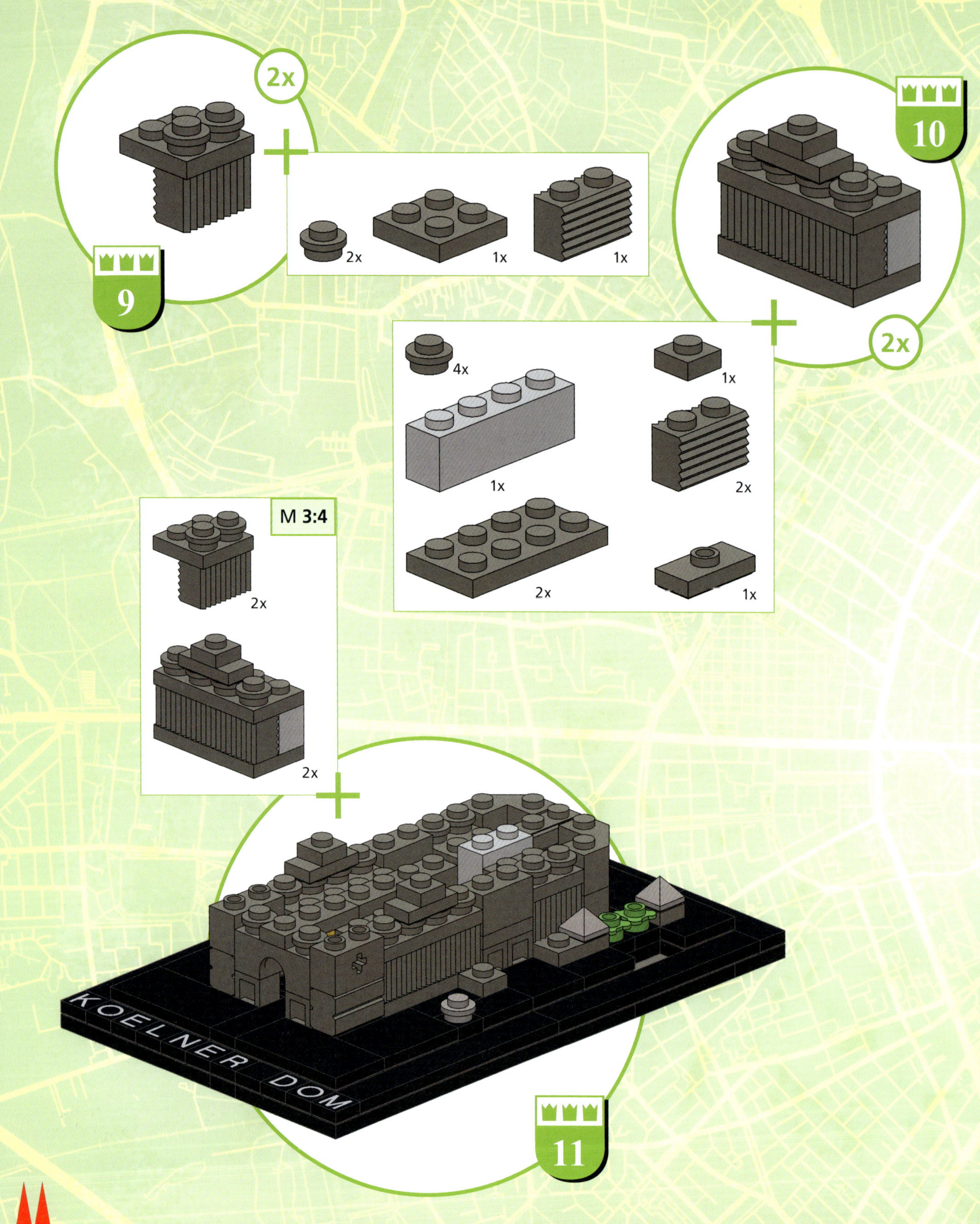
2x
9
2x
1x
1x
10
2x
4x
1x
1x
2x
2x
1x
M 3:4
2x
2x
KOELNER DOM
11

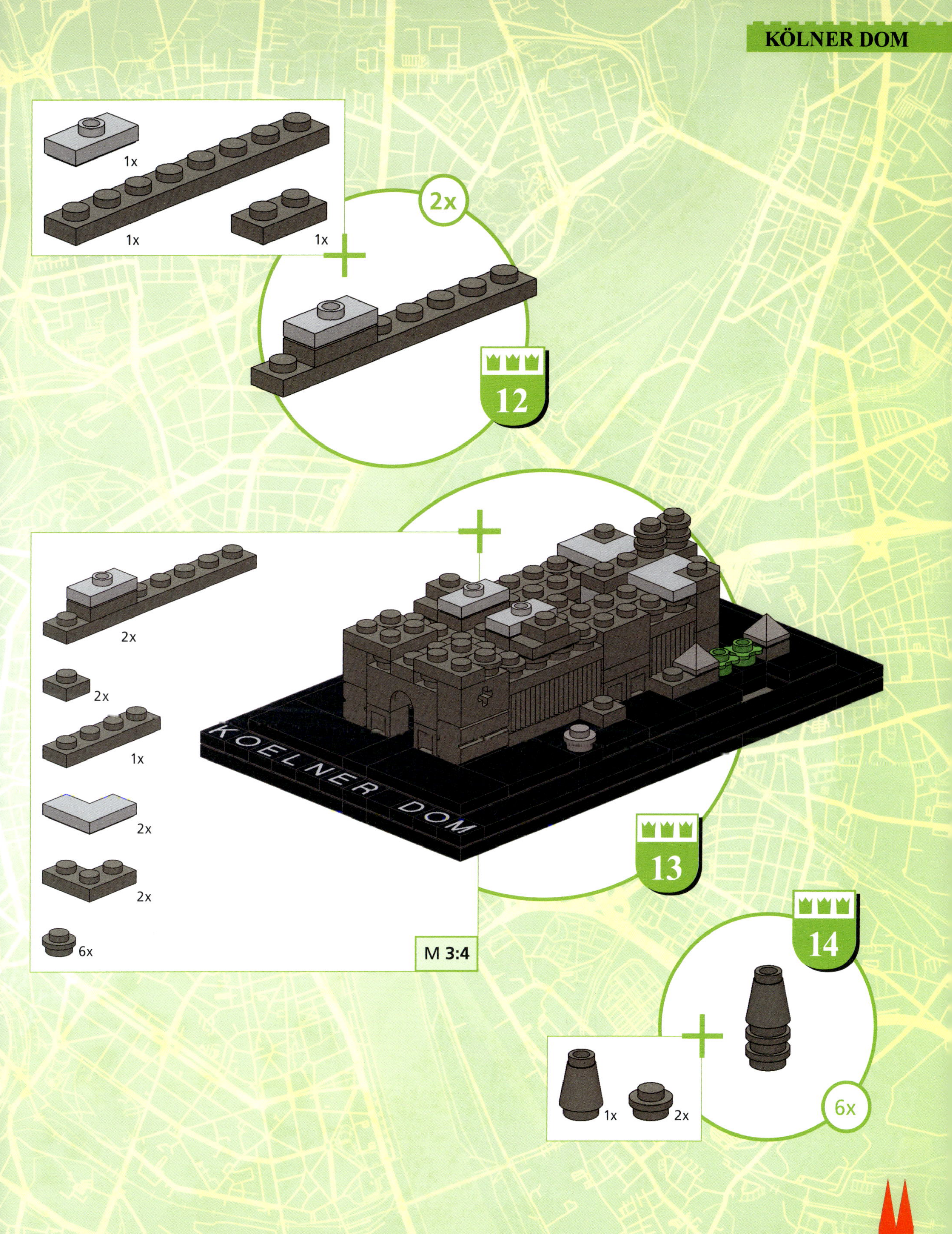
1x
1x
1x
2x
12
2x
2x
1x
2x
2x
6x
KOELNER DOM
13
M 3:4
14
1x
2x
6x

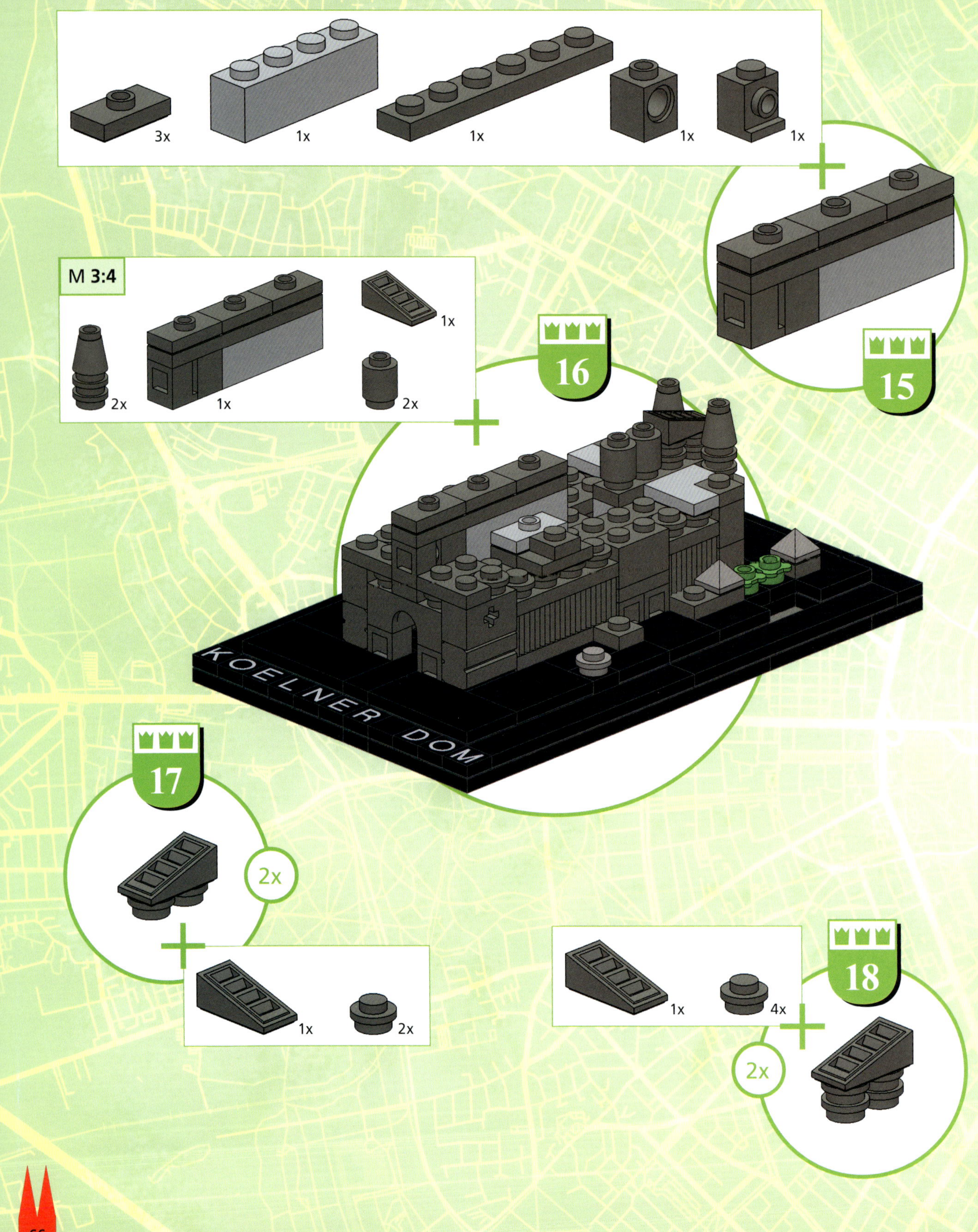
3x
1x
1x
1x
1x
15
M 3:4
2x
1x
1x
2x
16
KOELNER DOM
17
2x
1x
2x
1x
4x
18
2x

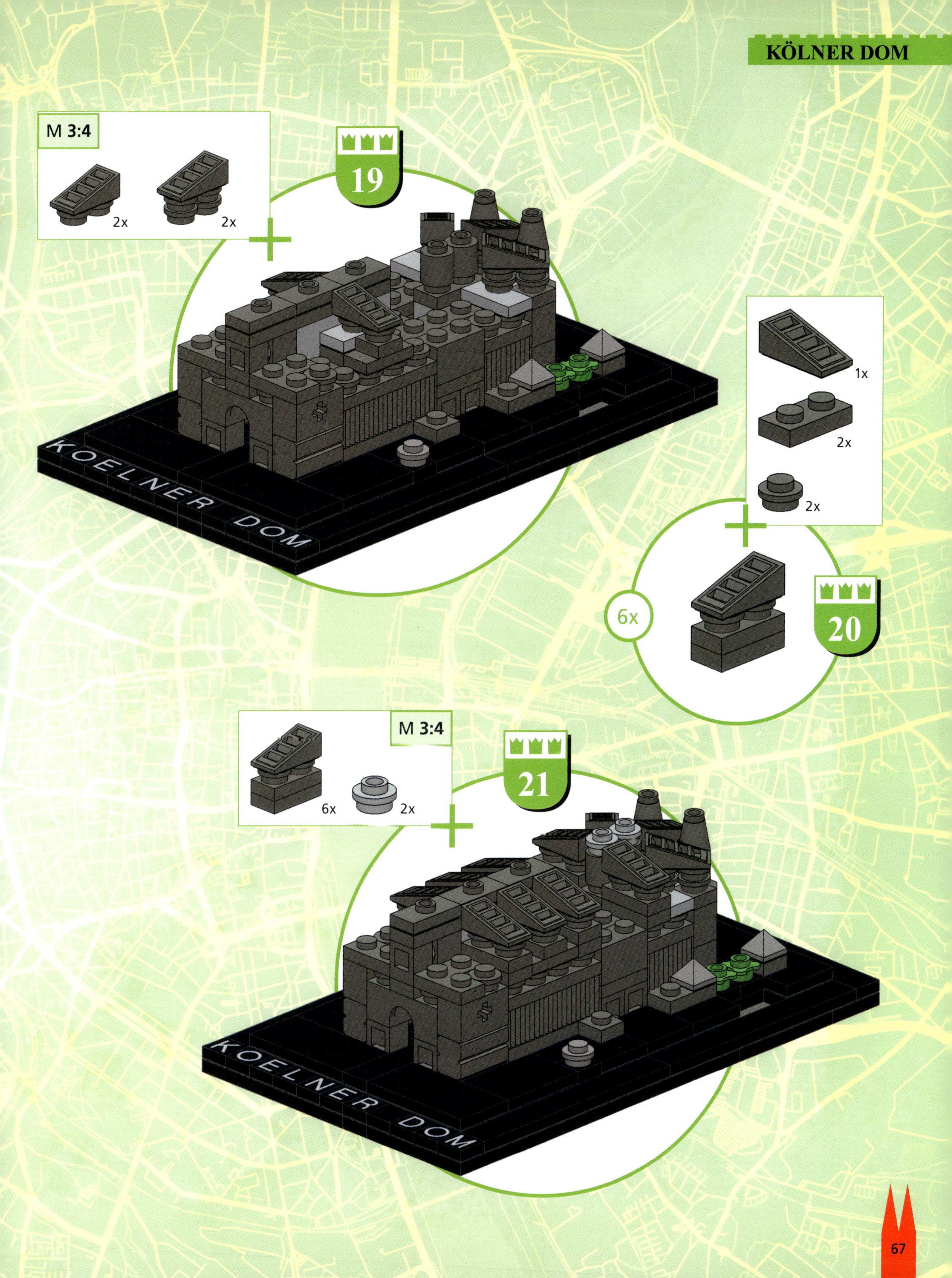

M 3:4
2x
2x
19
KOELNER DOM
1x
2x
2x
6x
20
M 3:4
6x
2x
21
KOELNER DOM

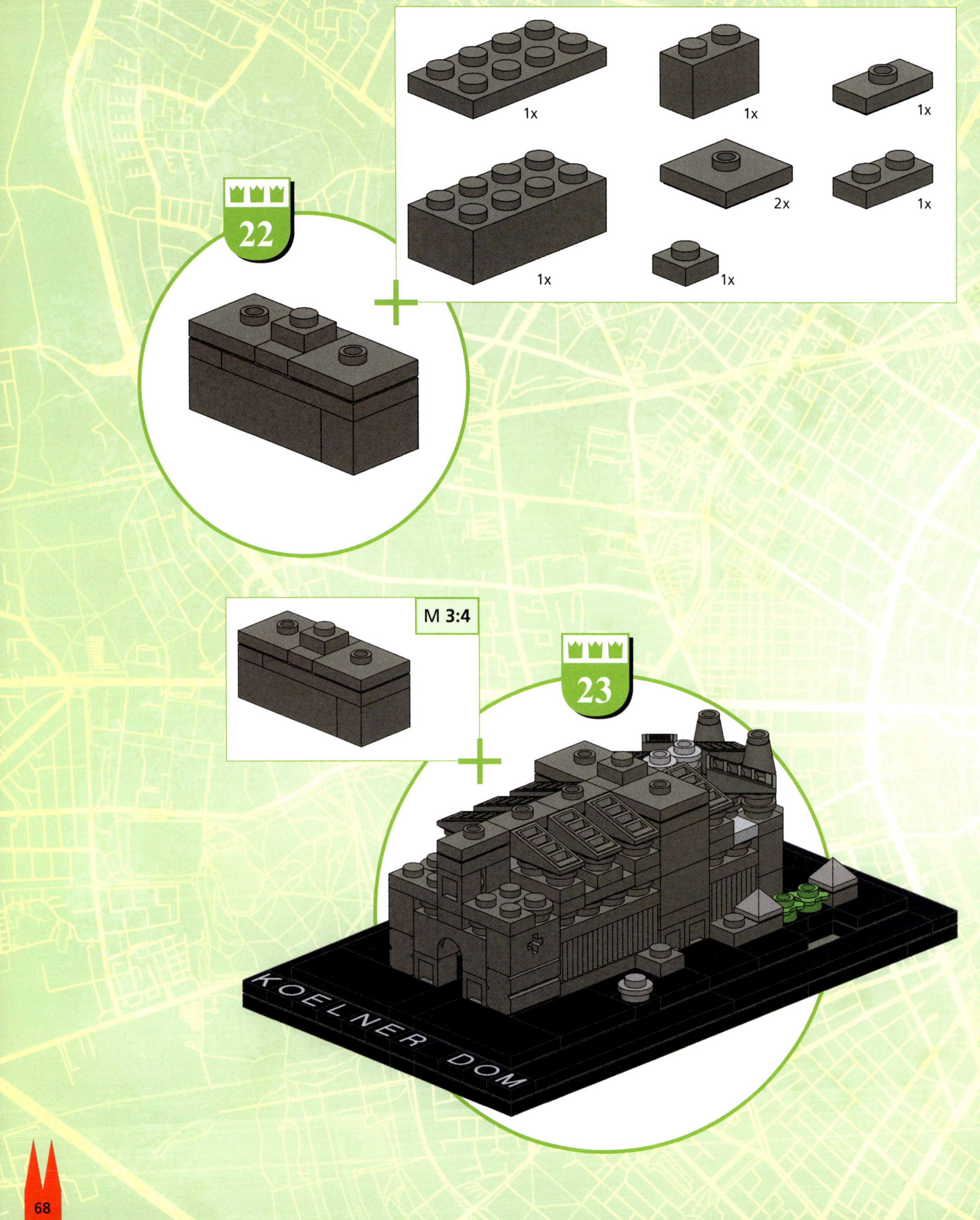
1x
1x
1x
1x
2x
1x
1x
22
M 3:4
23
KOELNER DOM

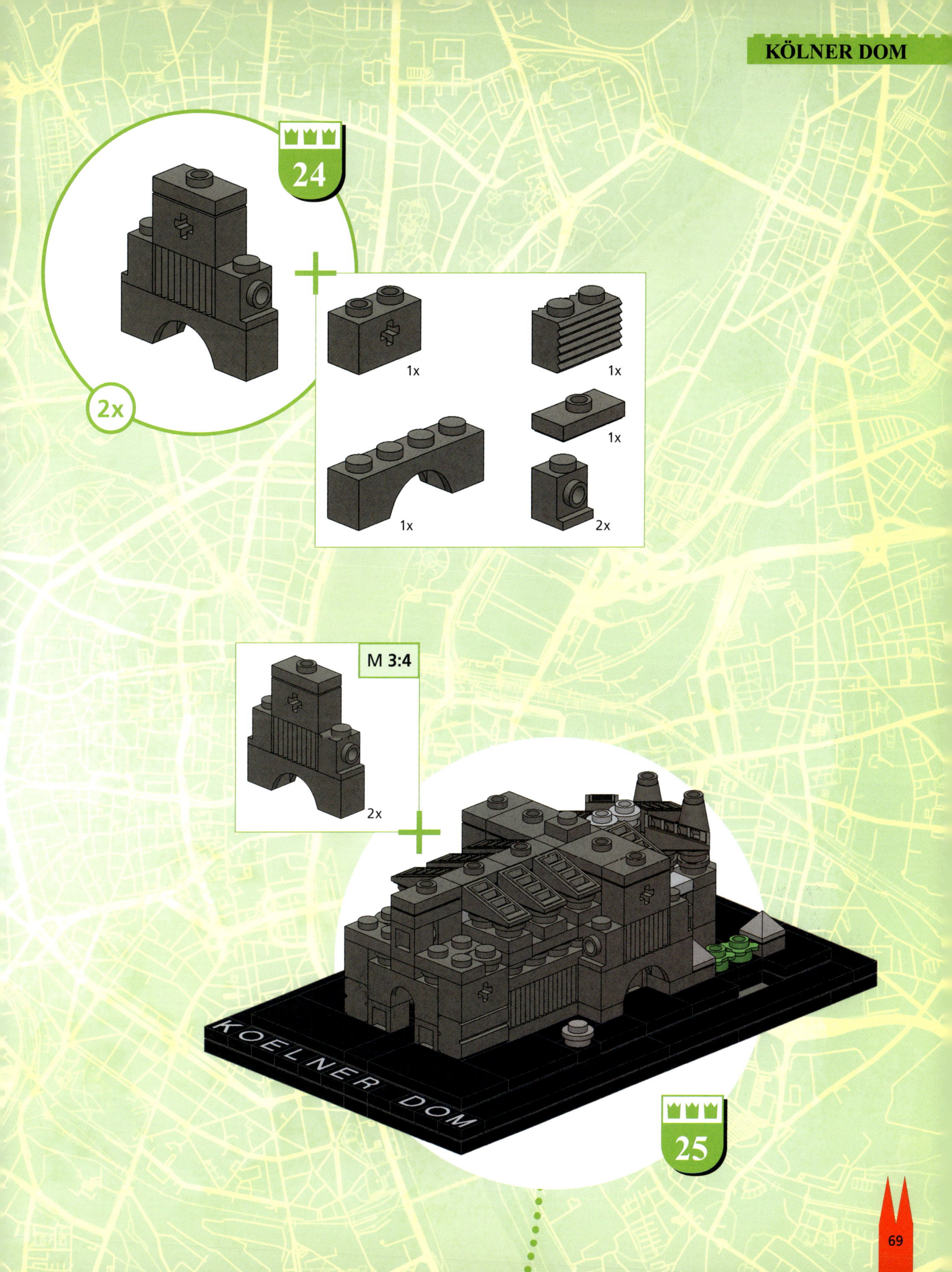
24
2x
1x
1x
1x
1x
2x
M 3:4
2x
KOELNER DOM
25

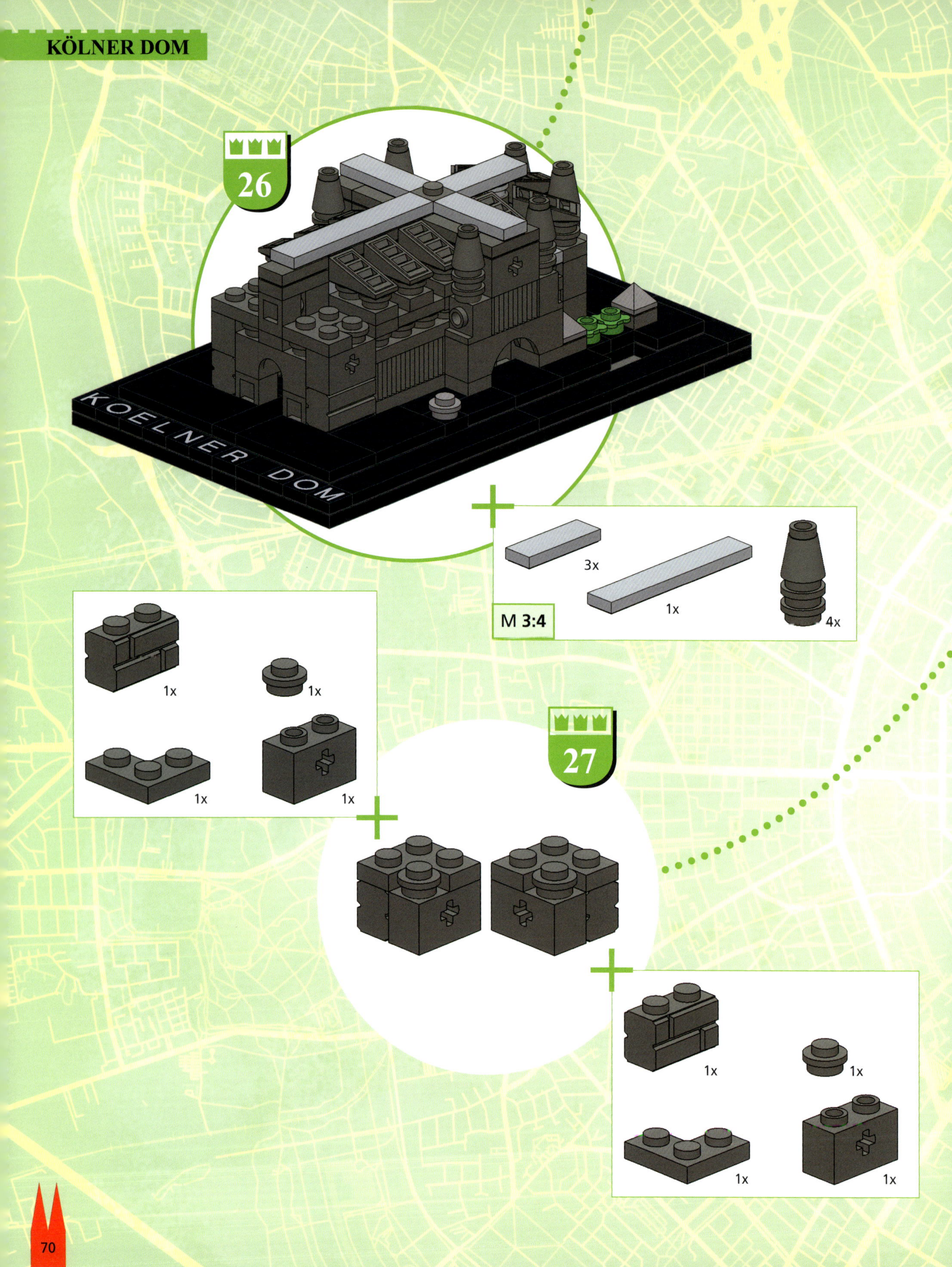
26
KOELNER DOM
3x
1x
4x
M 3:4
1x
1x
1x
1x
27
1x
1x
1x
1x

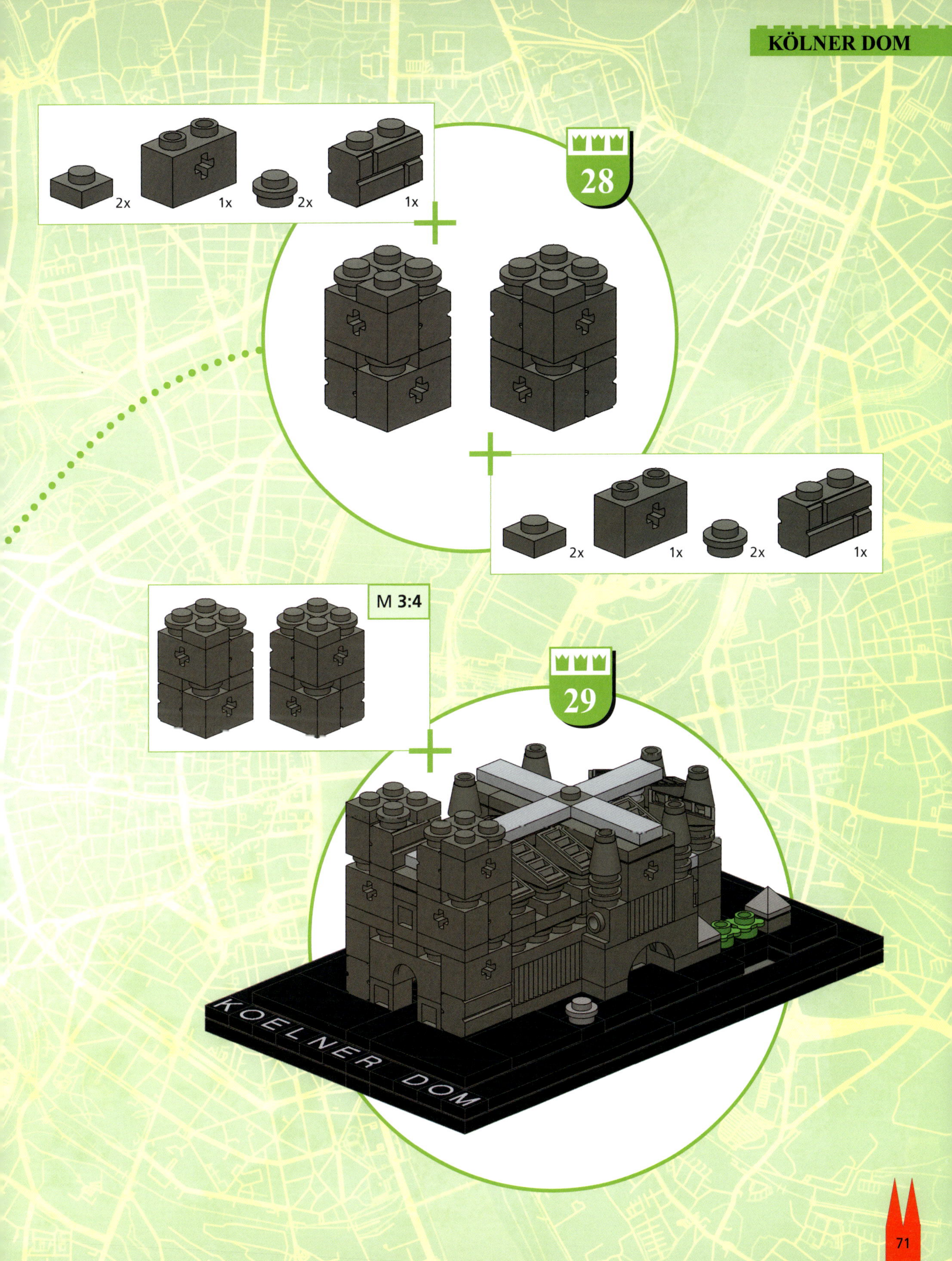
28
2x
1x
2x
1x
2x
1x
2x
1x
M 3:4
29
KOELNER DOM

2x

1x 1x 1x

30

31

2x

2x

32

1x 1x 1x

33

2x

2x 1x

KOELNER DOM

TEILELISTE

Menge	Farbe	Teilenummer	Name	LEGO® Teilenummer
1	Dark Bluish Gray	4490	Arch 1 x 3	4211120, 4519914, 4551361, 4652259
2	Dark Bluish Gray	3659	Arch 1 x 4	4210999
4	Dark Bluish Gray	48729b	Bar 1.5L with Clip with Truncated Sides and Hole in Shaft	4289542
2	Dark Bluish Gray	3062b	Brick 1 x 1 Round with Hollow Stud	4211090
12	Dark Bluish Gray	4070	Brick 1 x 1 with Headlight	4211044
3	Dark Bluish Gray	3004	Brick 1 x 2	4211088
2	Light Bluish Gray	3004	Brick 1 x 2	4211388
10	Dark Bluish Gray	98283	Brick 1 x 2 with Embossed Bricks	6000311
8	Dark Bluish Gray	2877	Brick 1 x 2 with Grille	4210636
1	Dark Bluish Gray	3010	Brick 1 x 4	4211103
3	Light Bluish Gray	3010	Brick 1 x 4	4211394
4	Dark Bluish Gray	87620	Brick 2 x 2 Facet	4624186
1	Dark Bluish Gray	3001	Brick 2 x 4	4211085
9	Dark Bluish Gray	4085b	Cone 1 x 1 with Stop	4542328
2	Dark Bluish Gray	3942c	Cone 2 x 2 x 2 with Hollow Stud Open	4211108, 6022161, 6092666
1	Dark Bluish Gray	44658a	Minifig Knife	4219836, 4542586
2	Black	3024	Plate 1 x 1	302426
12	Dark Bluish Gray	3024	Plate 1 x 1	4210719
3	Pearl Gold	3024	Plate 1 x 1	6069887
67	Dark Bluish Gray	4073	Plate 1 x 1 Round	4210633
1	Flat Silver	4073	Plate 1 x 1 Round	4633691
1	Reddish Brown	4073	Plate 1 x 1 Round	4216581
2	Trans Clear	4073	Plate 1 x 1 Round	3005740, 6240030
2	Light Bluish Gray	85861	Plate 1 x 1 Round with Open Stud	6124825, 6168647
2	Bright Green	33291	Plate 1 x 1 Round with Tabs	4619599, 6170300
2	Green	33291	Plate 1 x 1 Round with Tabs	6138691, 6170576
1	Black	3023	Plate 1 x 2	302326
17	Dark Bluish Gray	3023	Plate 1 x 2	4211063
1	Tan	3023	Plate 1 x 2	4113917
8	Dark Bluish Gray	15573	Plate 1 x 2 with Groove with 1 Centre Stud, without Understud	6092572

Menge	Farbe	Teilenummer	Name	LEGO® Teilenummer
2	Light Bluish Gray	15573	Plate 1 x 2 with Groove with 1 Centre Stud, without Understud	6066097
2	Black	3623	Plate 1 x 3	362326
1	Dark Bluish Gray	3623	Plate 1 x 3	4211133
2	Black	3710	Plate 1 x 4	371026
1	Dark Bluish Gray	3710	Plate 1 x 4	4211001
1	Dark Bluish Gray	92593	Plate 1 x 4 with Two Studs	4598769
1	Black	3666	Plate 1 x 6	366626
1	Dark Bluish Gray	3666	Plate 1 x 6	4211056
2	Black	3460	Plate 1 x 8	346026
2	Dark Bluish Gray	3460	Plate 1 x 8	4210998
1	Black	60479	Plate 1 x 12	4514845
1	Black	3022	Plate 2 x 2	302226
3	Dark Bluish Gray	3022	Plate 2 x 2	4211094
2	Black	2420	Plate 2 x 2 Corner	242026
5	Dark Bluish Gray	2420	Plate 2 x 2 Corner	4210635
1	Black	87580	Plate 2 x 2 with Groove with 1 Centre Stud	4565323
2	Dark Bluish Gray	87580	Plate 2 x 2 with Groove with 1 Centre Stud	4565322, 6126083
3	Black	3021	Plate 2 x 3	302126
3	Black	3020	Plate 2 x 4	302026
5	Dark Bluish Gray	3020	Plate 2 x 4	4211065
2	Black	3795	Plate 2 x 6	379526
1	Black	3034	Plate 2 x 8	303426
1	Black	91988	Plate 2 x 14	6001494
1	Black	3029	Plate 4 x 12	302926
1	Black	3456	Plate 6 x 14	345626
1	Black	3027	Plate 6 x 16	302726
11	Dark Bluish Gray	61409	Slope Brick 18 2 x 1 x 0.667 Grille	4521185, 4540386
2	Light Bluish Gray	54200	Slope Brick 31 1 x 1 x 0.667	4521921
2	Flat Silver	22388	Slope Brick 50 1 x 1 x 0.667 Quadruple	6127036
1	Dark Bluish Gray	6541	Technic Brick 1 x 1 with Hole	4210639

Menge	Farbe	Teilenummer	Name	LEGO® Teilenummer
10	Dark Bluish Gray	32064a	Technic Brick 1 x 2 with Axlehole Type 1	unbekannt
1	Dark Bluish Gray	3701	Technic Brick 1 x 4 with Holes	4213607
3	Black	3070b	Tile 1 x 1 with Groove	307026
2	Light Bluish Gray	24246	Tile 1 x 1 with Rounded End	6151688, 6250597
1	Black	3070bptd	Tile 1 x 1 with Silver „D“ Pattern	unbekannt
2	Black	3070bpte	Tile 1 x 1 with Silver „E“ Pattern	unbekannt
1	Black	3070bptk	Tile 1 x 1 with Silver „K“ Pattern	unbekannt
1	Black	3070bptl	Tile 1 x 1 with Silver „L“ Pattern	unbekannt
1	Black	3070bptm	Tile 1 x 1 with Silver „M“ Pattern	unbekannt
1	Black	3070bptn	Tile 1 x 1 with Silver „N“ Pattern	unbekannt
2	Black	3070bpto	Tile 1 x 1 with Silver „O“ Pattern	unbekannt
1	Black	3070bptr	Tile 1 x 1 with Silver „R“ Pattern	unbekannt
3	Black	3069b	Tile 1 x 2 with Groove	306926
3	Black	63864	Tile 1 x 3 with Groove	4558170
3	Light Bluish Gray	63864	Tile 1 x 3 with Groove	4558169
3	Black	2431	Tile 1 x 4 with Groove	243126
1	Light Bluish Gray	6636	Tile 1 x 6	4211549
4	Black	4162	Tile 1 x 8	416226
2	Black	14719	Tile 2 x 2 Corner	6133722
2	Light Bluish Gray	14719	Tile 2 x 2 Corner	6065824
2	Black	3068b	Tile 2 x 2 with Groove	306826
2	Black	26603	Tile 2 x 3	6162892
3	Black	87079	Tile 2 x 4 with Groove	4560182

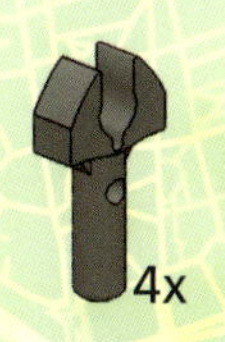

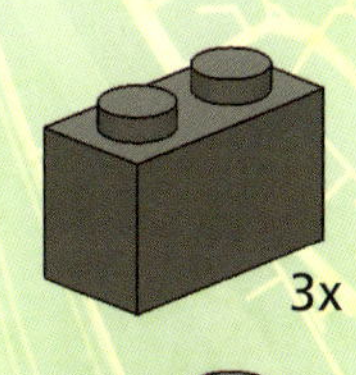

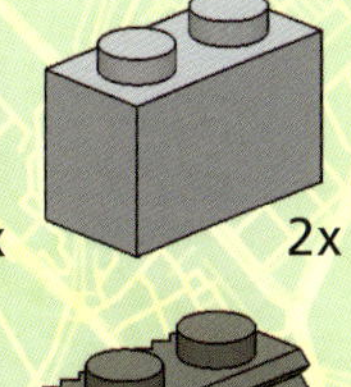

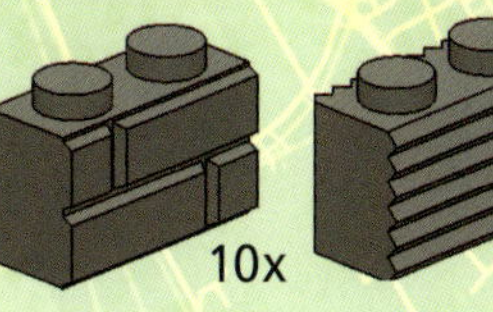

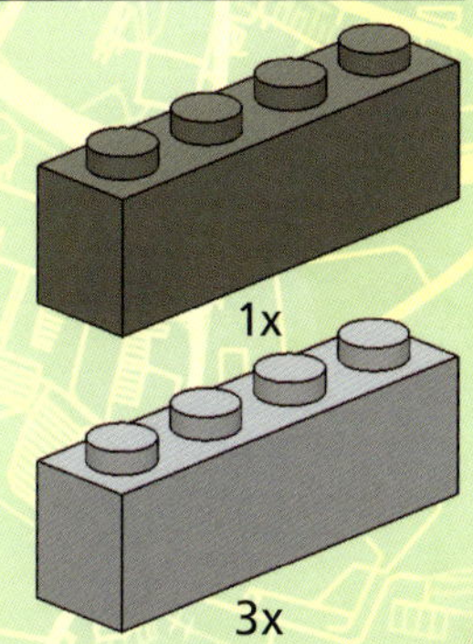

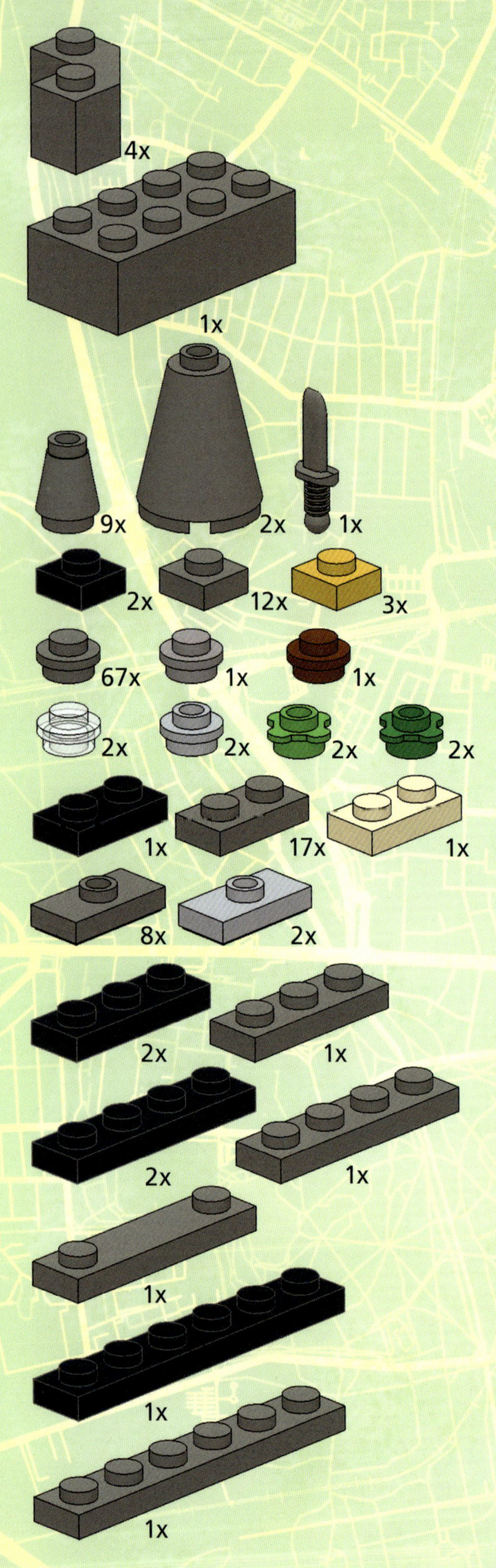

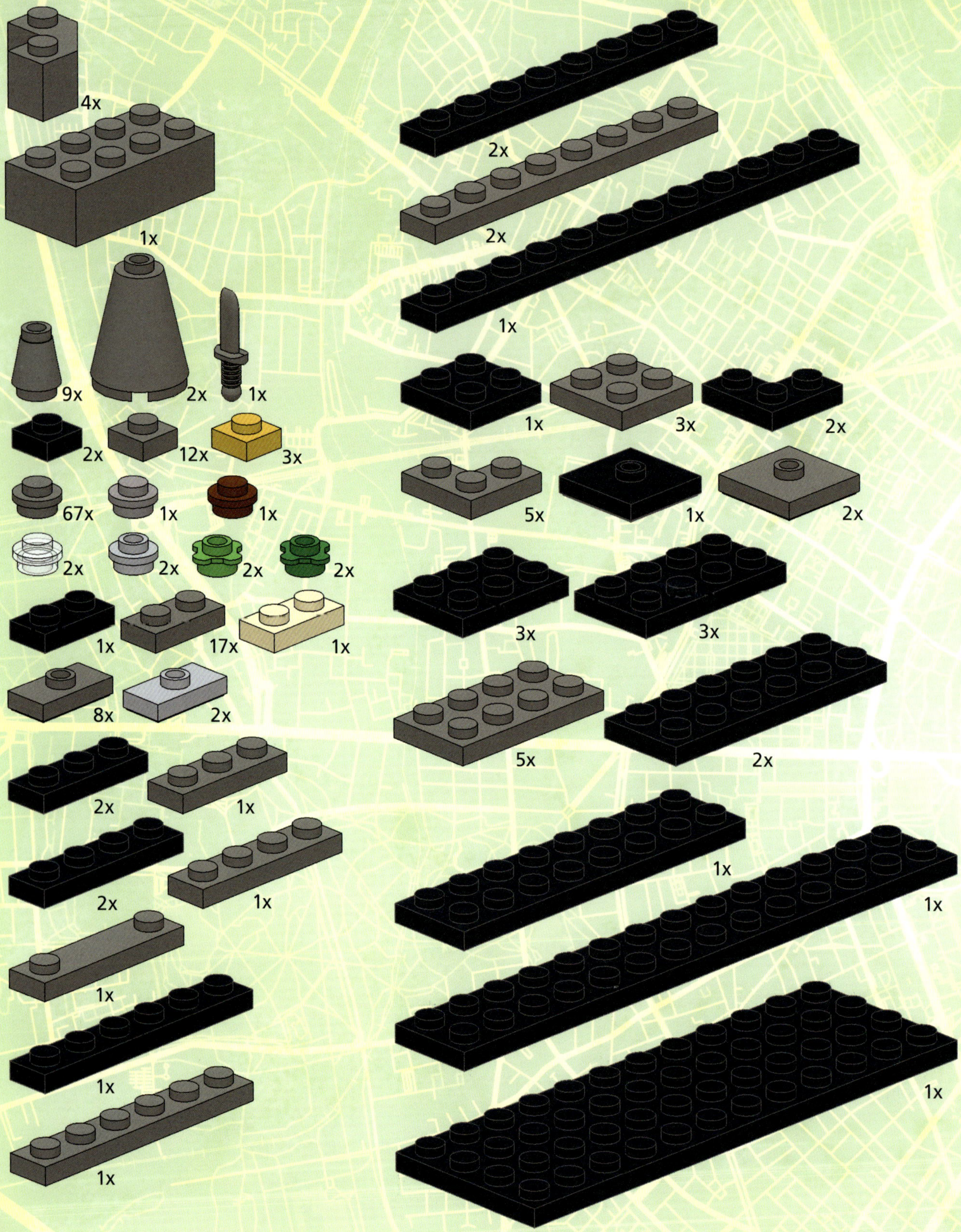
4x
1x
9x
2x
1x
2x
12x
3x
67x
1x
1x
2x
2x
2x
2x
1x
17x
1x
8x
2x
2x
1x
2x
1x
1x
1x
1x
2x
2x
1x
1x
3x
2x
5x
1x
2x
3x
3x
5x
2x
1x
1x
1x

1x
1x
11x
1x
2x
1x
1x
1x
1x
2x
1x
2x
4x
2x
2x
3x
2x
1x
3x
2x
10x
3x
1x
3x
2x
3x
2x
3x
1x
3x
2x

Drinkste eine met?

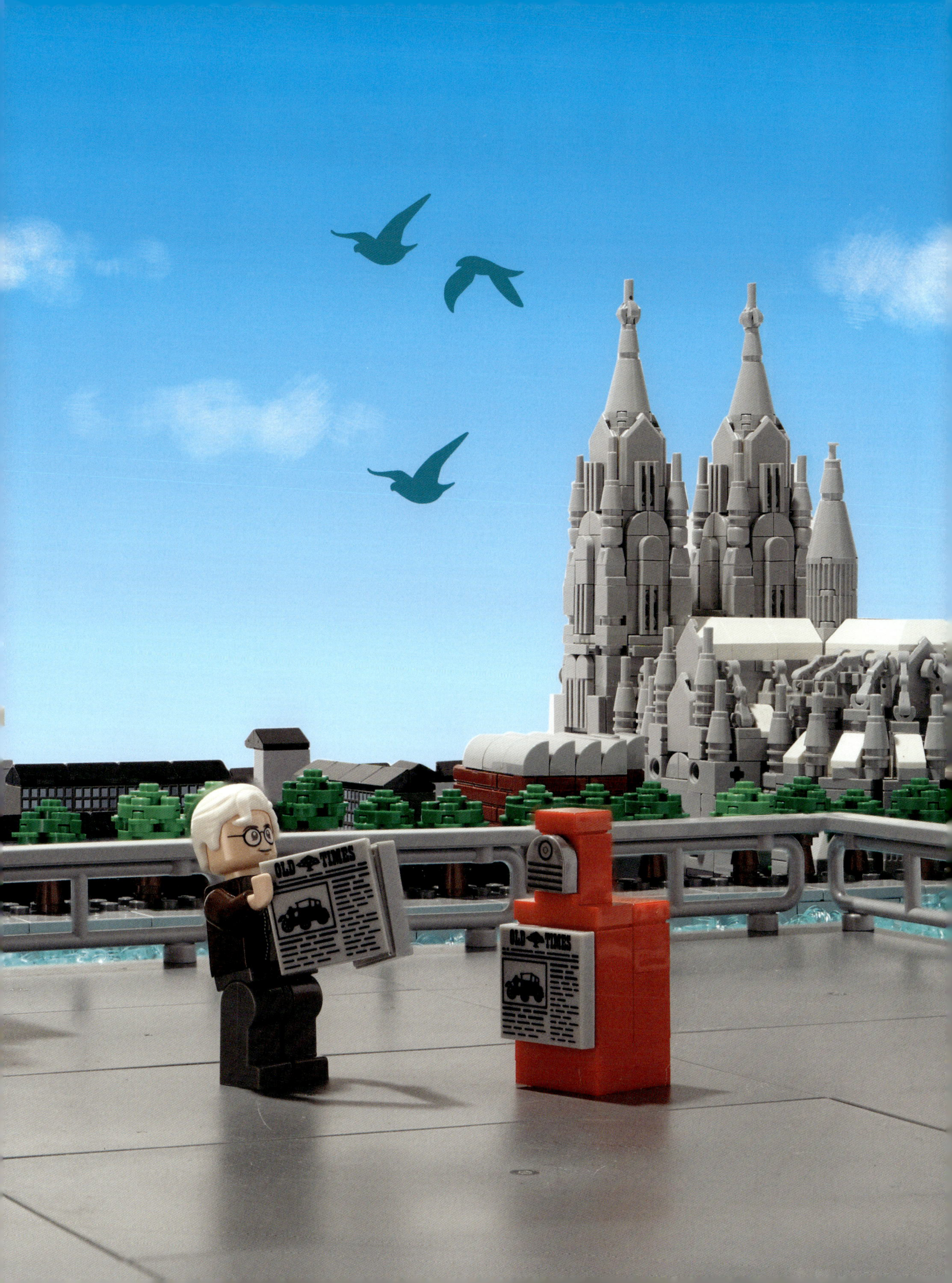
OLD TIMES
OLD TIMES

Ruut un wieß, wie lieb ich dich

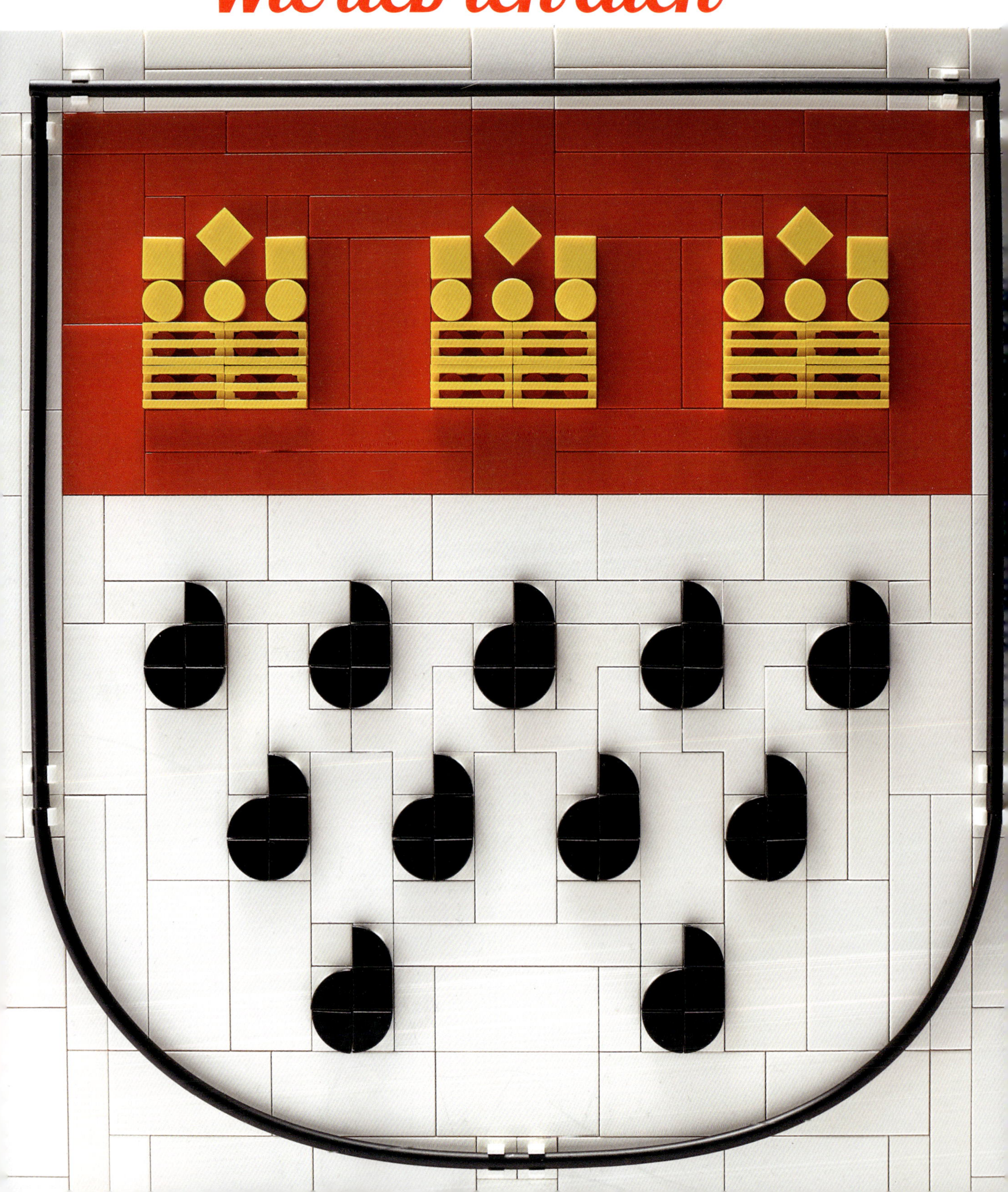